FUNDAMENTOS DE VIDA

FUNDAMENTOS DE VIDA
VIDA
AVANZA I
Domingo Alvarez Ramírez

Al menos que se indique lo contrario, los textos bíblicos usados son tomados de la Reina Valera 1960 y de la Nueva Traducción Viviente.

Domingo Álvarez Ramírez
Es pastor fundador de la iglesia cristiana Vid Central, ubicada en Querétaro, México. Director de red de iglesias afiliadas y del ministerio Construyendo Soluciones. Veintisiete años en el ministerio pastoral. Casado con su esposa Grisel, y con el regalo de Dios de tres hijos.

RECONOCIMIENTOS

Doy gracias a Dios por su amor y dirección.

Reconozco a mi amigo Alex Durán Marín por colaborar en la producción de este proyecto.

Mi gratitud a todas aquellas instituciones que a lo largo de mi carrera ministerial han estado en mi formación como son: Alianza Vida Abundante, Universidad Visión International, Instituto de Estudios Superiores para el Desarrollo Integral, Instituto Horizonte y el Instituto Cristo para las Naciones.

Proverbios 3:13-18
Alegre es el que encuentra sabiduría,
el que adquiere entendimiento.
Pues la sabiduría da más ganancia que la plata
y su paga es mejor que el oro.
La sabiduría es más preciosa que los rubíes;
nada de lo que desees puede compararse con ella.
Con la mano derecha, te ofrece una larga vida;
con la izquierda, riquezas y honor.
Te guiará por sendas agradables;
todos sus caminos dan satisfacción.
La sabiduría es un árbol de vida a los que la abrazan;
felices son los que se aferran a ella.

"Transformados a su imagen"

Con la cara descubierta, todos nos quedamos mirando fijamente la gloria del Señor, y así somos transformados en su imagen cada vez con más gloria. Este cambio viene del Señor, es decir, del Espíritu. 2 Corintios 3:18 (PDT)

Las mariposas viven un proceso largo y complicado conocido como "metamorfosis". La palabra metamorfosis en el griego es "transformación". Algo similar sucede en nuestro interior por el Espíritu Santo que nos va transformando.

CONTENIDO

INTRODUCCIÓN

Una nueva vida

De modo que, si alguno está en Cristo, nueva criatura es, las cosas viejas pasaron; he aquí todas son hechas nuevas. 2 Corintios 5:17

Considera las siguientes recomendaciones:

Vive tu nueva vida en Cristo con la lectura de la Biblia, la oración, la asistencia a un grupo de tu iglesia y la asistencia al lugar de reunión.

No imiten las conductas ni las costumbres de este mundo, más bien dejen que Dios los transforme en personas nuevas al cambiarles la manera de pensar. Entonces aprenderán a conocer la voluntad de Dios para ustedes, la cual es buena, agradable y perfecta. Romanos 12:2

Transformación:

En tu persona. *Amado, yo deseo que tú seas prosperado en todas las cosas y que tengas salud, así como prospera tu alma.* 3 Juan 2

En tu familia. *¡Qué feliz es el que teme al Señor, todo el que sigue sus caminos! Gozarás del fruto de tu trabajo; ¡qué feliz y próspero serás! Tu esposa será como una vid fructífera, floreciente en el hogar. Tus hijos serán como vigorosos retoños de olivo alrededor de tu mesa. Esa es la bendición del Señor para los que le temen. Que el Señor te bendiga continuamente desde Sion; que veas prosperar a Jerusalén durante toda tu vida. Que vivas para disfrutar de tus nietos. ¡Que Israel tenga paz!* Salmo 128

En tu cuerpo. *¿No se dan cuenta de que su cuerpo es el templo del Espíritu Santo, quien vive en ustedes y les fue dado por Dios? Ustedes no se pertenecen a sí mismos, porque Dios los compró a un alto precio. Por lo tanto, honren a Dios con su cuerpo.* 1 Corintios 6:19-20

En tus finanzas. *Y que procuren vivir en paz, y ocuparse de sus negocios y trabajar con sus propias manos, tal y como les hemos ordenado, a fin de que se conduzcan honradamente con los de afuera, y no tengan necesidad de nada.* 1 Tesalonicenses 4:11-12

En tu ministerio. *Cada uno según el don que ha recibido, minístrelo a los otros, como buenos administradores de la multiforme gracia de Dios.* 1 Pedro 4:10

En tu comunidad. *Entonces esas personas justas responderán: "Señor, ¿en qué momento te vimos con hambre y te alimentamos, o con sed y te dimos algo de beber, o te vimos como extranjero y te brindamos hospitalidad, o te vimos desnudo y te dimos ropa, o te vimos enfermo o en prisión, y te visitamos?". Y el Rey dirá: "Les digo la verdad, cuando hicieron alguna de estas cosas al más insignificante de estos, mis hermanos, ¡me lo hicieron a mí!".* Mateo 25:37-40

En tu libertad. *Y conocerán la verdad, y la verdad los hará libres,* Juan 8:32

Si no te has bautizado, vive la experiencia. *Por lo tanto, vayan y hagan discípulos de todas las naciones, bautizándolos en el nombre del Padre y del Hijo y del Espíritu Santo,* (Mateo 28:19). **Busca amigos en tu familia espiritual.** *Dios decidió de antemano adoptarnos como miembros de su familia al acercarnos a sí mismo por medio de Jesucristo. Eso es precisamente lo que él quería hacer, y le dio gran gusto hacerlo,* (Efesios 1:5). **Adora a Dios y disfrútalo.** *Dios es espíritu, y quienes lo adoran deben hacerlo en espíritu y en verdad* (Juan 4:24). **Comparte tu fe.** *¿Pero cómo pueden ellos invocarlo para que los salve si no creen en él? ¿Y cómo pueden creer en él si nunca han oído de él? ¿Y cómo pueden oír de él a menos que alguien se lo diga? ¿Y cómo irá alguien a contarles sin ser enviado? Por eso, las Escrituras dicen: «¡Qué hermosos son los pies de los mensajeros que traen buenas noticias!».* Romanos 10:14-15

AVANZA

¿QUÉ ES AVANZA?

AVANZA son cursos de formación cristiana.

Propósito

Ayudar en la formación de hacer discípulos de Jesús.

Plan de crecimiento

El proceso de discipulado AVANZA está diseñado para un año. Son cuatro manuales, uno por trimestre, con diez lecciones cada manual.

Avanza 1: Fundamentos de vida (Preparación)

Avanza 2: Sanidad Integral (Desarrollo)

Avanza 3: Ministerio eficaz (Proyección)

Avanza 4: Liderazgo que conquista (Realización)

¿Cómo usar este manual?

1. Dedica un tiempo para estudiar una lección cada semana.

2. Al inicio hay una hoja de "Registro de tareas de aprendizaje", para que lleves el control de tus lecciones. Este registro puede servir para que tu mentor evalué tu progreso semanalmente.

3. Al final de cada lección encontrarás:

    •   "Reflexión". Medita y profundiza un poco más sobre el tema.

- "Acción". Con el fin de motivarte a la práctica.

- "Hoja para hacer apuntes". Haz anotaciones que te parezcan interesantes, así como las preguntas que surjan para poder exponerlas el día de la clase.

- "Actividad de aprendizaje". Esta te servirá para hacer una autoevaluación de lo aprendido.

4. Llega a tu clase con la lección estudiada, con comentarios o preguntas.

5. Ora y motiva a alguien de tu clase a continuar.

6. Este manual puede ser estudiado en grupo. En caso que no tengas la oportunidad de integrarte a un grupo de estudio, puedes hacerlo de manera autodidacta.

Al terminar tu manual, tendrás fundamentos más fuertes para la vida. No dejes de persistir y esforzarte para lograrlo.

REGISTRO DE TAREAS
DE APRENDIZAJE

Instrucciones: Marque el círculo, correspondiente a la lección, si la tarea fue completada

LECCIÓN	Estudié la lección	Realicé anotaciones	Medité en la reflexión	Practiqué la "acción"	"Hoja de aprendizaje"	Asistí a la clase
CONOCIENDO LA BIBLIA	○	○	○	○	○	○
CONOCIENDO A DIOS	○	○	○	○	○	○
CONOCIENDO A JESUCRISTO	○	○	○	○	○	○
CONOCIENDO AL ESPÍRITU SANTO	○	○	○	○	○	○
CONOCIENDO LA CREACIÓN DEL SER HUMANO	○	○	○	○	○	○
CONOCIENDO LA SALVACIÓN	○	○	○	○	○	○
CONOCIENDO EL DISCIPULADO	○	○	○	○	○	○
CONOCIENDO LA IGLESIA	○	○	○	○	○	○
CONOCIENDO A LOS ÁNGELES	○	○	○	○	○	○
CONOCIENDO EL FUTURO	○	○	○	○	○	○

Bienvenidos a Fundamentos de Vida

Todo el que escucha mi enseñanza y la sigue es sabio, como la persona que construye su casa sobre una roca sólida. **Mateo 7:24**

Los Fundamentos físicos es donde descansa la estructura de una casa, si los fundamentos son sólidos, dan seguridad a los que viven dentro y tiene la capacidad de enfrentar las inclemencias de la naturaleza. De esta misma forma, los fundamentos que tengas en tu vida te protegerán y ayudarán a enfrentar grandes desafíos.

CONOCIENDO LA BIBLIA

Lección I

CONOCIENDO LA BIBLIA

Introducción

La Biblia aparece en el record "guinnees" como el libro más vendido del mundo. Una encuesta de la Sociedad Bíblica concluyó que se imprimieron alrededor de 2.500 millones de copias entre 1815 y 1975, pero estimaciones más recientes sitúan el número en más de 5.000 millones.[1]

La palabra Biblia se deriva del griego "Biblón" que significa libros o biblioteca.[2] También existen otras connotaciones como: Sagradas Escrituras o Palabra de Dios.

Otro dato interesante es lo que dijo Voltaire, filósofo francés, "afirmó que en 100 años la Biblia se extinguiría y que solo sería hallada como pieza de museo. A los 50 años de su muerte su misma casa era el depósito de una sociedad Bíblica y en su propia imprenta se imprimieron centenares de Biblias".[3]

Texto clave

Toda la Escritura es inspirada por Dios y es útil para enseñarnos lo que es verdad y para hacernos ver lo que está mal en nuestra vida. Nos corrige cuando estamos equivocados y nos enseña a hacer lo correcto. **2 Timoteo 3:16**

Propósito

Estudia constantemente este libro de instrucción. Medita en él de día y de noche para asegurarte de obedecer todo lo que allí está escrito. Solamente entonces prosperarás y te irá bien en todo lo que hagas. Josué 1:8

Temas

- La historia de la Biblia
- Divisiones de la Biblia
- La importancia de la Biblia
- Meditando en la Palabra de Dios

"Siempre he dicho, y diré, que el estudio de la Sagrada Biblia hará mejores ciudadanos, mejores padres y mejores esposos". Tomás Jefferson

LA HISTORIA DE LA BIBLIA

La Biblia es un libro de autoridad, no es un libro científico, aunque contiene información científica; no es un libro de las generaciones humanas, aunque menciona el principio del ser humano. La Biblia es un libro espiritual inspirado por Dios, cuyo interés principal es revelar a Jesús como el salvador del mundo, y el propósito del ser humano en esta tierra; también darnos principios para vivir con éxito en todas las áreas de nuestra vida: Espiritual, emocional y física.

Información general de la Biblia[4]

¿Cómo fue escrita? Fue escrita por personas bajo la inspiración del Espíritu Santo. 2 Timoteo 3:16

¿Cuándo fue escrita? Escrita en un periodo aproximado de 1600 años, y a lo largo de 60 generaciones.

¿Dónde fue escrita? Fue escrita en tres continentes, parte en Asia, parte en África y Europa. En materiales como el papiro, el pergamino y otros.

¿En cuántos idiomas fue escrita? Fue escrita en 3 idiomas: hebreo, arameo y griego.

¿Cuántos escritores la escribieron? Fue escrita por más de 40 escritores de todos los estratos sociales. Ejemplos:

1. **David** y **Salomón** fueron reyes.
2. **Nehemías** fue un copero del rey.
3. **Pablo** fue un maestro de la ley.
4. **Pedro** fue un pescador.

5. **Lucas** fue un médico.

6. **Moisés** fue un líder espiritual y político.

7. **Mateo** fue un cobrador de impuestos.

8. **Daniel** un primer ministro en Babilonia.

¿Datos interesantes que encontramos en la Biblia?

La tierra es redonda. *Dios se sienta sobre el círculo de la tierra; la gente que hay abajo le parecen saltamontes. Él despliega los cielos como una cortina, y hace con ellos su carpa.* Isaías 40:22

La tierra suspendida en el espacio. *Dios extiende el cielo del norte sobre el espacio vacío y cuelga a la tierra sobre la nada.* Job 26:7

En el interior de la tierra es fuego. *En la superficie de la tierra se cultivan alimentos, pero muy abajo, la tierra está derretida como por fuego.* Job 28:5

¿Cuál fue el procedimiento?

En el concilio de Cartago en el año 397 fue donde se confirmaron los 27 libros del Nuevo Testamento.[5] El Canon (norma o medida de fe) fue el instrumento usado para determinar qué libros formarían la Biblia; los libros que fueron aceptados debían tener las siguientes características: ser "genuinos y auténticos", "escritos por hombres de Dios", "el testimonio de los historiadores judíos del siglo II" y, por último, que fueran "aceptados por la iglesia".[6]

Inspirada en diferentes lugares

- **Moisés** escribió en el desierto.
- **Pablo** escribió la mayor parte de las cartas estando en prisión.
- **Juan** escribió el Apocalipsis en la Isla de Patmos estando en el exilio.
- **El profeta Daniel** escribió estando en el cautiverio de Babilonia.

LAS DIVISIONES DE LA BIBLIA

La Biblia contiene 2 grandes secciones llamadas **Antiguo Testamento** (con 39 libros), y **Nuevo Testamento** (con 27 libros). A su vez, cada libro está organizado en capítulos y cada capítulo en versículos. Todo esto con el propósito de facilitar la localización de las citas bíblicas.

Antiguo Testamento

El Antiguo Testamento está formado por cinco grandes divisiones que son:

Pentateuco (significa: Cinco Rollos o libros). Estos libros registran la creación por Dios del ser humano, del mundo, y la historia primitiva del hombre. Mencionan cómo Dios levantó a la nación de Israel como un pueblo, a través de quien Él podría revelarse a las naciones del mundo. Está compuesto por 5 libros: *Génesis, Éxodo, Levítico, Números, y Deuteronomio.*

Libros históricos. Cubren mil años de la historia del pueblo de Dios, Israel. Naturalmente ellos no dicen todo lo que pasó, pero ellos registran los eventos mayores, mostrando los resultados de cumplir la ley de Dios o ignorarla. Están compuestos por 12 libros: *Josué, Jueces, Rut, 1er. libro de Samuel, 2do. libro de Samuel, 1er libro de Reyes, 2do. libro de Reyes, 1er. libro de Crónicas, 2do. libro de Crónicas, Esdras, Nehemías y Esther.*

Libros Poéticos. Estos libros, son libros de adoración y sabiduría del pueblo de Dios, Israel. Están compuestos por 5 libros: *Job, Salmos, Proverbios, Eclesiastés y Cantares.*

Profetas Mayores. Se les llama mayores no por su importancia sino por la extensión de sus escritos, en relación con los profetas menores. Están compuestos por 5 libros: *Isaías, Jeremías, Lamentaciones, Ezequiel y Daniel.*

Profetas Menores. Están compuestos por 12 libros: *Oseas, Joel, Amós, Abdías, Jonás, Miqueas, Nahúm, Habacuc, Sofonías, Hageo, Zacarías y Malaquías.*

Nuevo Testamento

Los Evangelios (Buenas Nuevas). Estos libros registran la vida, muerte, y resurrección de Jesús. Su propósito es creer que Él es el Cristo; el Hijo de Dios. Están compuestos por 4 libros: *Mateo, Marcos, Lucas* y *Juan.*

Historia. Lo compone un libro: *Hechos de los apóstoles.* Escrito por Lucas, médico de profesión.

Cartas Paulinas (Cartas escritas por el Apóstol Pablo a las iglesias). Compuestas por 13 libros: *Romanos, 1ª Corintios, 2ª Corintios, Gálatas, Efesios, Filipenses, Colosenses, 1ª Tesalonicenses, 2ª Tesalonicenses, 1ª Timoteo, 2ª Timoteo, Tito* y *Filemón.*

Cartas Universales (Cartas escritas para la iglesia en general). Están compuestas por 8 libros: *Hebreos, Santiago, 1ª de Pedro, 2ª de Pedro, 1ª de Juan, 2ª de Juan, 3ª de Juan* y *Judas.*

Profecía. Lo compone un solo libro: *Apocalipsis.* Revelado al apóstol Juan.

LA IMPORTANCIA DE LA BIBLIA

La razón principal es porque en la Biblia, Dios se revela a los seres humanos. En ella conocemos a Dios, su voluntad, su plan de salvación para toda la humanidad. Aprendemos de su amor, pensamientos, y su accionar a través del tiempo.

La Biblia como única fuente de fe

El cristiano considera la Biblia como la única fuente de fe. En el siglo XVI, los diferentes movimientos de la Reforma Protestante comenzaron a experimentar un alto desgaste en discusiones filosóficas y a separarse unos de otros. Para menguar este problema, se definió el principio llamado "sola escritura" que significa que solamente la Biblia puede ser considerada fuente de doctrina cristiana, y al mismo tiempo resumieron este entendimiento teológico de una manera sencilla, dando origen a estas cinco famosas frases[7]:

Solo por la Escritura: La Palabra de Dios es la máxima autoridad en materia de fe y conducta. Por tanto, nada que contradiga la revelación de Dios puede regular la vida del creyente (Gálatas 1:6-10; 2 Timoteo 3:16; 2 Pedro 1:3).

Solo Cristo: La salvación se encuentra solo en Cristo, excluyendo así todo otro camino para llegar a Dios (Hechos 4:12).

Solo por gracia: La salvación es un don de Dios. Por tanto, es algo que el pecador recibe de forma inmerecida, basada en los méritos de Cristo; alcanzados durante su vida, muerte y resurrección (Efesios 2:8).

Solo por fe: La salvación solo puede ser recibida cuando ponemos nuestra fe en Aquel que murió por nosotros, excluyendo la posibilidad de que nuestras obras puedan contribuir (Efesios 2:8-9, Romanos 3:28).

Solo a Dios la gloria: El propósito de la salvación que recibimos es glorificar a Dios; poner de manifiesto las excelencias o virtudes de su carácter (Efesios 1:4-6; 1 Pedro 2:9).

La Biblia

- Nos enseña el origen del universo. Génesis 1:1

- Nos enseña origen, propósito y destino del ser humano. Génesis 1:26, Salmos 139, Apocalipsis 21:1-8

- Nos muestra lo que el ser humano debe de hacer para ser salvo. Romanos 10:9-11

- Tiene poder para hacernos sabios e inteligentes. 2 Timoteo 3:15

- Puede traer felicidad a nuestra vida. Jeremías 15:16

- Tiene poder para ayudarnos a no fallar contra Dios. Salmo 119:11

- Tiene poder para ayudarnos a vencer al enemigo. Mateo 4:4

- Puede prepararnos para toda buena obra. 2 Timoteo 3:17

- La Biblia nos ayuda a ser mejores ciudadanos. Romanos 13

- Encontramos sabiduría para ser buenos padres de familia y mejores hijos. Efesios 6:1-4

- Nos enseña sobre las relaciones humanas. Mateo 7:12

- Nos enseña principios para la prosperidad económica. Proverbios 3:9, 6: 6-11

Y una infinidad de temas más, que tienen que ver con la iglesia, historia, política, salud, administración, etc.

MEDITANDO EN LA PALABRA DE DIOS

Nunca se apartará de tu boca este libro de la ley, sino que de día y de noche meditarás en él, para que guardes y hagas conforme a todo lo que en él está escrito; porque entonces harás prosperar tu camino y todo te saldrá bien. Josué 1:8

¿Cómo iniciar a leer la Biblia?

- Al leer, comienza con una oración. Lucas 24: 45

- Inicia por el Nuevo Testamento, sugerimos iniciar por el evangelio de Juan.

- Cada ocasión que leas la Biblia, trata de profundizar buscando el propósito del texto. Juan 5:39

- El memorizar la Palabra de Dios te ayudará para que en ciertos momentos puedas disponer de soluciones. Establece metas para memorizarla.

Hazte las siguientes preguntas:

¿Hay algún error que debo evitar?

¿Hay alguna promesa o bendición que puedo disfrutar?

¿Hay algún mandamiento que debo obedecer?

¿Hay algún fracaso del que pueda aprender?

¿Cuál es el versículo que más me impactó del texto?

Conclusión

La Biblia contiene temas que nos ayudan a vivir con éxito, historias que nos instruyen o previenen, respuestas del propósito de nuestra existencia; pero su tema central es Jesucristo, el medio por el cual, somos reconciliados con el Padre.

Reflexión

El Salmo 117 es el capítulo más pequeño de la Biblia.

Alaben al SEÑOR, todas ustedes, las naciones. Todos los pueblos de la tierra, alábenlo. Pues su amor inagotable por nosotros es poderoso; la fidelidad del SEÑOR permanece para siempre. ¡Alabado sea el SEÑOR!

Acción

Acepta el reto de estudiar o escuchar la Biblia en un año.

ACTIVIDAD DE APRENDIZAJE 1
"Conociendo la Biblia"

Nombre: _____

Subraye una sola respuesta que considere correcta

1. ¿Qué es la Biblia?

  a. un libro inspirado por Dios
  b. un libro científico
  c. un libro de genealogías humanas

2. ¿Cuáles fueron los idiomas en que se escribió la Biblia?

  a. Inglés, griego y hebreo
  b. Arameo, hebreo y griego
  c. Hebreo, griego y español

3. ¿Cuántos libros contiene la Biblia?

  a. 37
  b. 66
  c. 67

4. ¿Por qué se les llama profetas mayores?

  a. Porque eran grandes de edad
  b. Porque son de mayor importancia
  c. Por el contenido extenso de sus libros

5. ¿Cuáles son los libros que componen los "evangelios"

a. Mateo, Hechos, Marcos y Juan
b. Mateo, Marcos y Lucas
c. Mateo, Marcos, Lucas y Juan

6. La Biblia es importante por sus...

a. Dogmas
b. La revelación de los Ángeles
c. Porque en ella conocemos la voluntad de Dios

Explique lo siguiente

7. Con tus propias palabras escribe lo que para ti es la Biblia
_____
_____
_____
_____

8. Mencione lo que significa "sola Escritura"
_____
_____
_____
_____

Encierre en un círculo si es Falso o Verdadero

9. La Biblia fue escrita por más de 40 autores .... F o V

10. En el concilio de Cártago se dispuso que
fueran 66 libros de la Biblia.. F o V

ANOTACIONES

CONOCIENDO LA BIBLIA

1 HISTORIA DE LA BIBLIA	**4** MEDITANDO LA PALABRA

2 DIVISIONES DE LA BIBLIA	**5** ¿POR QUIEN ESTOY ORANDO?

3 LA IMPORTANCIA DE LA BIBLIA	**6** CONCLUSIONES DEL TEMA

NOMBRE _____   FECHA _____

CLASE _____   MAESTRO _____

CONOCIENDO
A DIOS

Lección 2

CONOCIENDO A DIOS

Introducción

En realidad, ¿Se puede conocer a Dios?, es muy interesante saber que el conocimiento que llegamos a tener de Dios es solo lo que Dios se ha dado a revelar. Llegar a conocer a Dios en el sentido de agotar todo conocimiento ¡jamás!, pues como seres humanos nunca lograremos tal cosa. Por consiguiente, todo lo que podamos aprender de Dios, será lo suficiente y necesario para vivir en su plan.

Los cielos proclaman la gloria de Dios y el firmamento despliega la destreza de sus manos. Día tras día no cesan de hablar; noche tras noche lo dan a conocer. Hablan sin sonidos ni palabras; su voz jamás se oye. Sin embargo, su mensaje se ha difundido por toda la tierra y sus palabras, por todo el mundo. Salmo 19:1-4

Texto clave

Y la manera de tener vida eterna es conocerte a ti, el único Dios verdadero, y a Jesucristo, a quien tú enviaste a la tierra. **Juan 17:3**

Propósito

Profundizar en la conexión y conocimiento de Dios.

Temas

- Conociendo a Dios de manera personal
- Conociendo a Dios por sus nombres
- Conociendo a Dios por sus atributos
- Conociendo a Dios por su creación
- Conociendo a Dios a través de su amor

"Sólo conozco dos tipos de personas razonables: las que aman a Dios de todo corazón porque le conocen, y las que le buscan de todo corazón porque no le conocen". Blaise Pascal

CONOCIENDO A DIOS DE MANERA PERSONAL

Esto dice el Señor: «No dejen que el sabio se jacte de su sabiduría, o el poderoso, de su poder, o el rico, de sus riquezas. Pero los que desean jactarse, que lo hagan solamente en esto: en conocerme verdaderamente y entender que yo soy el Señor quien demuestra amor inagotable y trae justicia y rectitud a la tierra, y que me deleito en estas cosas. ¡Yo, el Señor, ¡he hablado! Jeremías 9:23-24

Lo que no es conocer a Dios

Solo conciencia: Algunos están conscientes que Dios existe, pero no le conocen. Santiago 2:19

Solo información: Estudian sobre Dios como una materia más que agregar a su intelecto. 1 Corintios 8:1

Solo religión: Para algunos es solo practicar ciertos ritos, tener experiencias religiosas, practicar costumbres exteriores que les brindan apariencia. Tito 1:16

La imagen que tienen algunos acerca de Dios

- Un Dios incomprensible. Salmos. 10:4

- Un Dios de materia. Isaías 40:18

- Un Dios anciano y castigador. Ezequiel. 18:25-32

- Un Dios limitado en poder. Salmos. 73:8-12

- Un Dios que se le busca solo para suplir una necesidad. Juan 6:26

- Un Dios ausente o que es resultado del invento humano. Salmos 14:1

¿Qué es conocer a Dios?

El significado de la Palabra "conocer" no solo es obtener información. Si preguntáramos por las calles de nuestra ciudad ¿quién es Dios?, la mayoría contestaría: Dios es el creador de todo, Dios es el todopoderoso. Estas respuestas, aunque son correctas no es lo único que Dios quiere que conozcamos de Él, existe algo más. Si Dios nos ha dado la bendición de ser padres, y le preguntara alguna persona a nuestro hijo ¿Quién es tu papá? estamos seguros que nos sorprendería saber que nuestro hijo solo respondiera: "es el que sustenta la casa", porque él es mucho más que un proveedor. Así que, conocer a Dios es tener una relación personal, profunda, y continua, en la persona de Jesucristo.

¿Por qué es trascendental conocer a Dios?

- Porque Él es nuestro creador y en Él está la vida eterna.

- En Él encontramos propósito y las respuestas de la existencia del universo.

- Él es la fuente de vida, amor, sabiduría, sanidad, prosperidad, poder.

Conocer a Dios es lo más valioso que cualquier cosa en la tierra. Puede que estés feliz con tu trabajo, tu estado financiero, tu influencia, tus posesiones, tu educación y muchas cosas más; ¡qué bien! ¡felicidades!, pero el valor de estas cosas termina, al terminar tu vida en la tierra. En cambio, conocer a Dios es de valor eterno.

¿Qué necesito para conocer mejor a Dios?

- Conocerlo a través de la Biblia, por la revelación del Espíritu Santo y en la persona de su hijo Jesucristo.

- Acercarme con fe. Hebreos 11:6

- Relacionarme con un espíritu humilde. Isaías 57:15

- Tener un anhelo de estar en comunión con Él. Salmos 42:1.

- Estar dispuesto a tener una amistad de amigos, reverencia de siervo, relación de hijo, dependencia de oveja.

Él quiere festejar nuestras alegrías, consolarnos en nuestras tristezas, corregirnos cuando nos equivocamos y estar siempre con nosotros en todo tiempo.

CONOCIENDO A DIOS POR SUS NOMBRES

—Yo Soy el que Soy. Dile esto al pueblo de Israel: "Yo Soy me ha enviado a ustedes". Éxodo 3:14

Los nombres bíblicos de Dios revelan progresivamente el ser y la personalidad divina, a través, de diferentes etapas en la historia de su pueblo. Para los hebreos era muy importante el nombre dado a los hijos, a diferencia de nosotros. Para ellos, no era solo un nombre más, sino una expresión de la personalidad, naturaleza o futuro.

Así que, los hebreos consideraron que los nombres divinos eran equivalentes a la expresión de la esencia, carácter y personalidad de Dios. Estos le manifestaban, tal como Él quería ser conocido por su creación.

Los nombres de Dios en el Antiguo Testamento

YHVH

Es el nombre de Dios, el cual fue revelado a Moisés en Éxodo 3:13-14 que dice: *"Y respondió Dios a Moisés: Yo Soy el que Soy…".* El nombre de Dios no se puede pronunciar, por eso mismo los judíos agregaron la letra "a" de Adonay y la letra "e" de Elohim, para que el nombre final quedara de la siguiente manera "Yahveh".[8] Se podría decir, que es la mejor traducción posible del nombre de Dios.

Jehová (Dios)

Aunque la palabra "Jehová" se forma de la palabra hebrea "YHVH", no fue hasta después de la Reforma que empezó a usarse de manera definitiva este nombre. Como los judíos respetaban mucho el nombre de Dios, no lo pronunciaban; además de que no se podía pronunciar, en su lugar mencionaban "Adonai".[9] En la época de la Reforma los cristianos alemanes pusieron las vocales del nombre "Adonai" (las vocales eran "a, o, a", aclarando que la "a" cambio por la "e" para una mejor pronunciación) en el nombre de Dios "YHVH", por consiguiente, se formó la palabra "Yehovah". Como ellos no usaban la "Y" sino la "J" quedó formada la palabra "Jehovah". Las versiones de la Biblia más nuevas ya no usan la palabra "Jehovah" sino más bien las sustituyen por "Señor".

Nombres con El	Significado	Concepto
El	Dios	Es el término general que significa Dios.
Elohim	Dioses Génesis 20: 2-3	Es la forma plural de "El", cuando se hace referencia a Dios, se usa siempre un verbo singular, el cual nos indica que Dios es uno.[10]
El Shadai	Dios todo poderoso u omnipotente. Génesis. 28:3; 35:11; 48:3; Éxodo. 6:3	Dios es la fuente inagotable de toda bendición. Nuestros problemas no son demasiado grandes como para que Dios no los pueda solucionar.
El Elyon	Dios Altísimo. Génesis. 14:22; Números. 24:16; Deuteronomio. 32:8	Es el creador de todo el universo, todo lo que hay en este mundo le pertenece: toda la riqueza, ganado y bienes.[11] Además, de ser el Dios sobre otros dioses. Salmo 97:9
El Olam	Dios Eterno. Génesis. 21:33; Salmos. 90:2	Significa "perpetuo o perdurable", no ha habido un tiempo donde no ha existido. Además, su propósito perdura por todas las generaciones.
Adonai	Señor. Salmo 8; Ezequiel 16:8; Habacuc 3:19.	Significa aquel que gobierna, sobre todo. ¡Remarca su soberanía como Rey!

Nombres Compuestos	Significado	Concepto
Yahvéh Sebaot	Dios de los Ejércitos. 1 Samuel 1:3, Josué 5:13-15	El título se entiende mejor como una referencia a la soberanía de Dios sobre todos los poderes en el universo.
Yahvéh Jireh	Dios aparece o proveerá. Génesis 22:14	El nombre implica una provisión divina. Cuando se menciona ese nombre es cuando Abraham ofrece a Isaac en sacrificio.
Yahvéh Rafa	Dios tu sanador. Éxodo. 15:26	Después de probar las aguar amargas, el Señor les dice que Él es su sanador. Él quiere ver sano a su pueblo.
Yahveh Nisi	Dios es mi bandera o estandarte. Éxodo.17:15	Después de la derrota de Amalec, Moisés edificó un altar, al que puso por nombre "el Señor es mi estandarte".
Yahvéh tsidkenu	Dios, justicia nuestra. Jeremías. 23:6	Tiene dos ideas: La primera, es probable que se refiera a su fidelidad, al pacto con su pueblo. La segunda idea dice que Él gratuitamente nos hace justos por medio de la fe en Jesucristo (Romanos 3:22,23), es decir, sació su justicia en Cristo para colocarnos en una mejor posición delante de Él.

Los nombres de Dios en el Nuevo Testamento

Theos (Dios)

El nombre que ocurre con más frecuencia es *Theos* (Dios, más de mil veces). Corresponde en general a los nombres *El* y *Elohim*. Así como, a sus formas compuestas. Expresa la deidad esencial; con énfasis sobre su autosuficiencia, autodeterminación y justicia absoluta.

Kurios (Señor)

El vocablo griego *Kurios* (Señor) es otro nombre que se menciona a menudo en el Nuevo Testamento. Parece combinar, el significado de los dos títulos; *Yahvéh* y *Adonay,* traducidos en la Septuaginta (primera versión del A.T. traducida del hebreo al griego en el siglo III antes Cristo) con esta palabra. En la época de Jesús se usaba para designar al "dueño" o "señor" de esclavos o propiedades. También, como un término de respeto hacia un superior. Los emperadores romanos tomaban este título para expresar su dominio absoluto sobre sus súbditos.

CONOCIENDO A DIOS POR SUS ATRIBUTOS

Porque en Él fueron creadas todas las cosas, las que hay en los cielos y las que hay en la tierra, visibles e invisibles; sean tronos, sean dominios, sean principados, sean potestades; todo fue creado por medio de Él y para Él. Y Él antes de todas las cosas, y todas las cosas en él subsisten. Colosenses 1:16-17

Atributo quiere decir: Cualidad o propiedad con que se identifica o se distingue un ser. La mayoría de los atributos que vamos a ver son exclusivos de Dios; y otros se hallan en sentido limitado y relativo con el hombre. Ejemplo: Amor, justicia, soberanía, etc.

Omnipotencia (Dios todo lo puede)

El prefijo **"omni"**, significa que "lo abarca todo".

- Dios es el creador. Génesis 1:1, Romanos 4:17
- Él no se cansa ni se fatiga. Isaías 40:28
- Tiene total control sobre la naturaleza. Mateo 8:26, Salmo 65
- Tiene poder sobre la vida y la muerte. Salmos 139, Juan 5:25-29, 11:25-26
- Sobre el diablo y sus obras tiene absoluto poder. Efesios 1:15-23, 1 Juan 3:8
- La tierra es el estrado de sus pies. Hechos 17:24-28
- Las naciones son como gotas de agua ante Él. Isaías 40:15

¿Esto quiere decir que Dios va a cumplir todo lo que le pidamos? ¡No! La omnipotencia de Dios siempre tiene un propósito, como son: el ejemplo de Noé, Abraham, Sara, José, Moisés, Sansón y Elías. La omnipotencia de Dios debe armonizar con su reino de autoridad y de soberanía, (Apocalipsis19:6). Además, la omnipotencia de Dios debe armonizar con las leyes que rigen su creación. 1 Pedro 2:13-17, Romanos 13:1

Omnisciencia (Dios todo lo sabe)

- Conoce todo de nosotros. Salmo 139: 1-6, Lucas 12:7
- Conoce todas las bestias del campo. Salmo 50:11
- Conoce todas las estrellas del cielo. Salmo 147:4
- Conoce todas las peticiones que se le hacen. Hechos 10:1-4
- Tiene absoluto conocimiento. Romanos 11:33-36

Dios tiene un propósito divino en su omnisciencia, no la usa para revelar secretos fuera de su voluntad.

Omnipresencia (Dios en todo está presente)

- Dios prometió estar con nosotros todos los días. Mateo 28:20

- Dios Prometió estar donde dos o tres se congreguen en su nombre. Mateo 18:20

- El habita en las alabanzas. Salmo 22:3

- En tiempos difíciles continua con nosotros. Romanos 8:38-39, Salmo 23:4

- No se puede huir de su presencia. Salmo 139:7-12

Dios está en todo lugar, pero la manifestación de su poder está bajo su soberanía y ciertas condiciones.

CONOCIENDO A DIOS A TRAVÉS DE LA CREACIÓN

"Por la fe entendemos haber sido constituido el universo por la palabra de Dios, de modo que lo que se ve fue hecho de lo que no se veía". Hebreos 1:1-2; 11:3

El origen del universo en la Biblia

El libro de los orígenes enseña cómo Dios hizo la creación

- **La materia surgió de aquello que es inmaterial.** *En el principio creó Dios los cielos y la tierra,* (Génesis 1:1). Dios creó todo, de la nada, en un instante, el universo con todo su espacio, masa y tiempo; fue hecho por decreto de Dios.

- **La creación testifica de su Creador.** *Los cielos proclaman la gloria de Dios y el firmamento despliega la destreza de sus* *manos. Día tras día no cesan de hablar; noche tras noche lo dan a conocer. Hablan sin sonidos ni palabras; su voz jamás se oye. Sin embargo, su mensaje se ha difundido por toda la tierra y sus palabras, por todo el mundo.* Salmo 19:1-4

- **El testimonio de causa y efecto.** *Pues cada casa tiene un constructor, pero el que construyó todo es Dios.* Hebreos 3:4

La Biblia afirma reiteradamente de principio a fin que Dios creó todas las cosas. Citemos algunos textos solo del Nuevo Testamento:

- **Jesucristo dice que Dios creó al mundo, al hombre y la mujer.** *Y respondiendo Jesús, dijo: ¿No habéis leído que aquel que los creó, desde el principio los hizo varón y hembra?* (Mateo 19:4). *Porque aquellos días serán de tribulación, tal como no ha acontecido desde el principio de la creación que hizo Dios hasta ahora, ni acontecerá jamás.* Marcos 13:19

- **Jesucristo fue el agente por medio del cual Dios creó el universo.** *Todas las cosas fueron hechas por medio de Él, y sin Él nada de lo que ha sido hecho, fue hecho* (Juan. 1:3). *Porque en Él fueron creadas todas las cosas, tanto en los cielos como en la tierra, visibles e invisibles; ya sean tronos o dominios o poderes o autoridades; todo ha sido creado por medio de Él y para Él* (Colosenses 1:16). *Dios, habiendo hablado hace mucho tiempo, en muchas ocasiones y de muchas maneras a los padres por los profetas, en estos últimos días nos ha hablado por su Hijo, a quien constituyó heredero de todas las cosas, por medio de quien hizo también el universo.* Hebreos 1:12

Muchos textos de la Escritura reiteran que Dios creó al mundo y a la humanidad para su gloria. Romanos 1:25, Apocalipsis 4:11 y 5:13

Puntos de vista opuestos a la creación bíblica[12]

Panteísmo: Dios es todo y todo es Dios.

Politeísmo. Existen muchos dioses.

Ateísmo: No existe Dios.

Deísmo: Un Dios que está solo en el razonamiento, limitado en poder.

Idolatría. Imaginan a un dios y hacen una imagen o escultura para rendirle culto.

Evolucionismo: Los seres vivos que existen hoy incluyendo el ser humano ha sido producto de cambios graduales por millones de años.

¿Qué dice la evolución acerca de la creación?[13]

- Cuando estalló la gran masa caliente (Bing-Bang), dio origen a los planetas y al sistema solar. Parte de esas moléculas (materia inerte) fueron evolucionando en seres vivientes, a través de millones de años.

- La vida inició hace cerca de 3500 millones de años.

- Los dinosaurios se extinguieron hace 70 millones de años, por el choque de un meteorito o siguieron evolucionando hasta convertirse en aves.

- A la jirafa le creció el cuello por la adaptación del medio ambiente, al igual que otros miles de especies.

- El hombre viene del mono, hace cerca de dos millones de años.

No permitan que nadie los atrape con filosofías huecas y disparates elocuentes, que nacen del pensamiento humano y de los poderes espirituales de este mundo y no de Cristo. **Colosenses 2:8**

Algunas preguntas sobre la evolución

- ¿De dónde apareció la primera materia?

- ¿Por qué de todos los planetas que existen, la tierra es el único planeta que tiene lo necesario para la supervivencia del hombre?

- ¿Por qué cerca de seis mil años no han comprobado nuevas especies?

- ¿Si inicio la procreación hace cerca de dos millones de años, porque existe población equivalente a seis mil años?

- ¿Por qué hay confusión entre lo que es un diseño y un accidente?

- ¿Porque sigue la especie del mono sin evolucionar?

- ¿Cómo evolucionó el alma del hombre? ¿Quién le enseña el bien y el mal? ¿Quién lo dota de ciencia, de sentimientos, de conciencia?

- ¿Porque los animales no razonan igual que el hombre?

Conociendo a Dios en la Trinidad

Que la gracia del Señor Jesucristo, el amor de Dios y la comunión del Espíritu Santo sean con todos ustedes. 2 Corintios 13:14

La Biblia revela que Dios es uno solo, pero se ha revelado en tres personas distintas. Esto es lo que hemos llamado la trinidad o la unidad de tres. La palabra trinidad no viene en la Biblia, pero la trinidad se ve, se enseña, y se revela en las Sagradas Escrituras. En ella encontramos, un Dios manifestado en tres personas. (En las siguientes lecciones comentaremos más sobre la divinidad de Jesús y el Espíritu Santo)

Este gráfico ayudará a entender un poco más la trinidad.

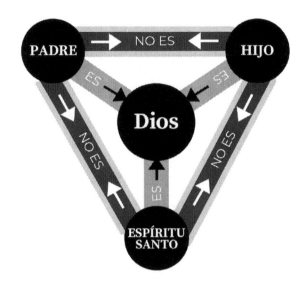

CONOCIENDO A DIOS A TRAVÉS DEL AMOR

En esto consiste el amor verdadero: no en que nosotros hayamos amado a Dios, sino en que él nos amó a nosotros y envió a su Hijo como sacrificio para quitar nuestros pecados. 1 Juan 4:10

Para poder amar a Dios, es necesario recibir su amor. A veces, nos sentimos indignos de recibirlo, por eso se llama amor por gracia (regalo inmerecido) y esto lo vemos en la parábola del hijo prodigo.

Entonces regresó a la casa de su padre, y cuando todavía estaba lejos, su padre lo vio llegar. Lleno de amor y de compasión, corrió hacia su hijo, lo abrazó y lo besó. Su hijo le dijo: "Padre, he pecado contra el cielo y contra ti, y ya no soy digno de que me llamen tu hijo. Lucas 15:20-21

Algunos personajes bíblicos entendieron este gran amor. Vemos como el rey David entiende y experimenta el gran amor de Dios, al ser perdonado por su adulterio y asesinato. Vemos como el apóstol Pablo se fortalece en el amor de Dios en medio de la enfermedad y Tomás en su incredulidad el Señor le manifiesta su amor.

Te preguntas si Dios te ama. Mira a Jesucristo en la Cruz. *Porque de tal manera amó Dios al mundo, que ha dado a su hijo unigénito, para que todo aquel que en él cree, no se pierda, más tenga vida eterna,* (Juan 3:16). *En esto consiste el amor: no en que nosotros hayamos amado a Dios, sino en que él nos amó a nosotros, y envió a su hijo a dar su vida por nuestros pecados.* 1 Juan 4:9

Nos acercamos a Dios no cuando le amamos, sino cuando reconocemos que Él siempre nos ha amado, y aceptamos su amor.

Conclusión

Dios es el Arquitecto y Sustentador de este mundo. Su creación habla de Él, sus nombres revelan su carácter y cubren todas las necesidades humanas. Él anhela una conexión con su creación para que sean sus hijos y puedan descubrir que su voluntad es buena, agradable y perfecta.

Reflexión

Solo podemos medir su amor por el sacrificio en la cruz, y no por los retos que enfrentamos o por las personas que no nos aman.

¡Qué precioso es tu amor inagotable, oh Dios! Todos los seres humanos encuentran refugio a la sombra de tus alas. Salmo 36:7

Acción

- Declara estas palabras: Soy amado, un Rey dio su vida por mí, puedo recibir y dar amor.

- Busca la oportunidad de ver un atardecer sin interrupciones, o una noche estrellada, o un video de la creación y adora a Dios por su grandeza.

- Comparte con tus conocidos este conocimiento.

ACTIVIDAD DE APRENDIZAJE 2
"Conociendo a Dios"

Nombre: _____

Conteste las siguientes preguntas

1. ¿Qué significa "conocer a Dios"?
_____
_____
_____

2. ¿Qué imagen tienen algunos de Dios?
_____
_____
_____

Subraye la respuesta correcta

3. Su significado es "Dios todo poderoso"
   a. El Shadai   b. El Elyon   c. El Olam

4. Su significado es "Dios Sanador"
a. Yahveh Nisi   b.Yahveh Rafa   c. Yahveh Tsidkenu

5. Su significado es "Dios Proveerá"

a. Yahveh Nisi   b. Yahveh Jireh   c. yahveh Tsidkenu

6. El nombre de Dios revelado a Moisés...

a. Theos   b. YHVH   c. Jehova

7. ¿Cuándo yo digo que "Dios todo lo puede" me estoy refiriendo a la palabra?

a. Omnipresencia   b. Omnisciencia   c. Omnipotencia

8. ¿Cuándo yo digo que "Dios todo lo sabe" me estoy refiriendo a la palabra?

a. Omnipresencia   b. Omnisciencia   c. Omnipotencia

Encierre en un círculo si es Falso o Verdadero

9. La Biblia enseña que el universo tuvo su inicio a través de una gran explosión...F o V

10. El cristianismo cree que Dios está en todo el universo y todo el universo es Dios...F o V

ANOTACIONES

CONOCIENDO A DIOS

1 DE MANERA PERSONAL	4 POR SU CREACIÓN

2 POR SUS NOMBRES	5 A TRAVÉS DE SU AMOR

3 POR SUS ATRIBUTOS	6 CONCLUSIONES DEL TEMA

NOMBRE

FECHA

CLASE

MAESTRO

CONOCIENDO A JESUCRISTO

Lección 3
CONOCIENDO A
JESUCRISTO

Introducción

Jesús, más que un profeta, un maestro o un hombre religioso; Él es Dios, el Salvador del mundo. Él hace descansar a los que están cansados y cargados, da de comer al hambriento, juega con los niños y los bendice. Le llaman amigo de pecadores, porque los busca, los ama, los salva, y los convierte en personas de bien. En Él se encuentra la paz, la libertad, el perdón y la vida eterna.

Texto clave

Jesús y sus discípulos salieron de Galilea y fueron a las aldeas cerca de Cesarea de Filipo. Mientras caminaban, él les preguntó: —¿Quién dice la gente que soy? —Bueno, contestaron,— algunos dicen Juan el Bautista, otros dicen Elías, y otros dicen que eres uno de los otros profetas. Entonces les preguntó: —Y ustedes, ¿quién dicen que soy? Pedro contestó: —Tú eres el Mesías.
Marcos 8:27-29

Propósito

Conocer a Jesucristo como Dios hecho hombre. Murió por nosotros para ser perdonados, reconciliados con el Padre y saber que su resurrección nos garantiza su presencia y nueva vida.

Temas

- La preexistencia de Cristo
- La perfecta humanidad de Cristo
- La Divinidad de Cristo
- La Obra consumada de Cristo
- Ministerio de Cristo

Y Jesús les dijo: "Yo soy el pan de vida; el que venga a mí, no tendrá hambre; el que crea en mí no tendrá nunca sed". Juan 6:35

LA PREEXISTENCIA DE CRISTO

Definición

La preexistencia significa que Él existió antes de su nacimiento, antes de la creación y antes del tiempo.[14] En Juan 1:1 se menciona que *"en el principio era el verbo y el verbo estaba con Dios y el verbo era Dios"*. Un claro ejemplo de la eternidad de Jesucristo.

La Evidencia

Su origen celestial

Cristo es la imagen visible del Dios invisible. Él ya existía antes de que las cosas fueran creadas y es supremo sobre toda la creación porque, por medio de él, Dios creó todo lo que existe *en los lugares celestiales y en la tierra. Hizo las cosas que podemos ver y las que no podemos ver, tales como tronos, reinos, gobernantes y autoridades del mundo invisible. Todo fue creado por medio de él y para él.* Colosenses 1:16

El apóstol Pablo afirmó su prexistencia y divinidad

Tengan la misma actitud que tuvo Cristo Jesús. Aunque era Dios, no consideró que el ser igual a Dios fuera algo a lo cual aferrarse. En cambio, renunció a sus privilegios divinos; adoptó la humilde posición de un esclavo y nació como un ser humano. Cuando apareció en forma de hombre, se humilló a sí mismo en obediencia a Dios y murió en una cruz como morían los criminales. Por lo tanto, Dios lo elevó al lugar de máximo honor y le dio el nombre que está por encima de todos los demás nombres para que, ante el nombre de Jesús, se doble toda rodilla en el cielo y en la tierra y debajo de la tierra. Filipenses 2:5-10

Juan el Bautista reconoció que Jesús existió antes que Él

Juan dio testimonio de él cuando clamó a las multitudes: «A él me refería yo cuando decía: "Alguien viene después de mí que es muy superior a mí porque existe desde mucho antes que yo"». De su abundancia, todos hemos recibido una bendición inmerecida tras otra. Pues la ley fue dada por medio de Moisés, pero el amor inagotable de Dios y su fidelidad vinieron por medio de Jesucristo. Nadie ha visto jamás a Dios; pero el Único, que es Dios, está íntimamente ligado al Padre. Él nos ha revelado a Dios. Al día siguiente, Juan vio que Jesús se le acercaba y dijo: «¡Miren! ¡El Cordero de Dios, que quita el pecado del mundo! A él me refería cuando yo decía: "Después de mí, vendrá un hombre que es superior a mí porque existe desde mucho antes que yo". Juan 1:15-18, 29, 30.

Jesús afirmó su preexistencia

Ahora, Padre, llévame a la gloria que compartíamos antes de que comenzara el mundo. Juan 17:5

Jesús contestó: —Les digo la verdad, ¡aun antes de que Abraham naciera, Yo Soy! En ese momento, tomaron piedras para arrojárselas, pero Jesús desapareció de la vista de ellos y salió del templo. Juan 8:58-59

Cristo se atribuyó eternidad cuando declaró: *"Antes que Abraham fuese, YO SOY".* Esto es más que una existencia limitada, porque Él dijo: "YO SOY". No dijo: "Yo era" que pudiera indicar que Él existió varios siglos antes que Abraham, pero "Yo soy"; afirma su eternidad. La plena declaración de Juan es que Cristo es Dios.

LA PERFECTA HUMANIDAD
DE CRISTO

Jesús cien por ciento Dios y cien por ciento humano

"Y aquel verbo fue hecho carne, y habitó entre nosotros y vimos su gloria, gloria como del unigénito del Padre, lleno de gracia y de verdad. Juan 1:14

Predicción del nacimiento virginal

Pues nos ha nacido un niño, un hijo se nos ha dado; el gobierno descansará sobre sus hombros, y será llamado: Consejero Maravilloso, Dios Poderoso, Padre Eterno, Príncipe de Paz. Su gobierno y la paz nunca tendrán fin. Reinará con imparcialidad y justicia desde el trono de su antepasado David por toda la eternidad. ¡El ferviente compromiso del Señor de los Ejércitos Celestiales hará que esto suceda! Isaías 9:6-7

En la profecía de Isaías 7:14, se predijo que el medio de la encarnación sería un nacimiento virginal, y en Mateo 1:23, se cumple la profecía al nacer de la virgen María. **El nombre Jesús** significa Salvador y Cristo, significa el mesías o ungido, de ahí se compone el nombre Jesucristo.

Tuvo cuerpo humano

Aunque la concepción de Cristo fue sobrenatural, Él nació con un cuerpo humano que se desarrolló integralmente, (Lucas 2:52). Y se llamó a sí mismo un hombre, (Juan 8:40). Experimentó las características de un ser humano:

- Sintió hambre. Mateo 4:2

- Tuvo sed. Juan 19:28
- Se cansó. Juan 4:6
- Experimentó el amor y la compasión. Mateo 9:36
- Él lloró. Juan 11:35
- Fue tentado. Mateo 4:1-11

También encontramos pasajes de la Biblia que indican que Cristo conserva su forma de hombre en el cielo. Hechos 7:56, 1 Timoteo 2:5

LA DIVINIDAD DE CRISTO

Doctrina esencial en la fe cristiana

"El que me ha visto a mí, ha visto al Padre; ¿Cómo, pues, dices tú: muéstranos el Padre? ¿No crees que yo soy en el Padre, y el Padre en mí?". Juan 14:9b-10a

Cristo posee los atributos de Dios

- Eternidad. Siempre ha existido. Juan 8:58; 17:5.
- Omnipresencia. Está en todo lugar. Mateo 18:20; 28:20
- Omnipotencia. Todo lo puede. Mateo 28:18; Marcos 5:11-15; Juan 11:38-44
- Omnisciencia. Todo lo sabe. Juan 2:25
- Inmutabilidad. No cambia. Hebreos 1:10-12

Cristo hace obras que solo Dios puede hacer

- Perdón. Él perdona los pecados eternamente. Marcos 2:1-12

- Vida. Él le da vida espiritual a cualquiera que Él desee dársela. Juan 5:21

- Resurrección. Él levantará a los muertos. Juan 11:43

- Juicio. Él juzgará a toda persona. Juan 5:22, 27

- Salvación. Si no fuera Dios, no podría Salvar. Isaías 43, Hechos 4:12

Cristo recibe adoración como Dios

- Recibió la adoración de sus discípulos. Mateo 14:33, Lucas 5:8, Juan 20:28

- Es adorado en el cielo. Apocalipsis 5:12, 13

- Recibirá adoración universalmente. Filipenses 2:10-11

LA OBRA CONSUMADA DE JESUCRISTO

Hay dos eventos importantes en la vida de Jesucristo: Su muerte sustituta y su resurrección. Estos dos sucesos son importantísimos pues de ellos depende la verdad de la fe cristiana.

La muerte vicaria de Cristo

La Palabra "vicaria" significa que "sustituye a otra" o "en lugar de otra".[15] Cristo murió en lugar de los pecadores o sustituyendo a los pecadores, para Él recibir el castigo que ellos merecían.

Jesús vino a dar solución a nuestra condición

Pues todos hemos pecado; nadie puede alcanzar la meta gloriosa establecida por Dios. Sin embargo, en su gracia, Dios gratuitamente nos hace justos a sus ojos por medio de Cristo Jesús, quien nos liberó del castigo de nuestros pecados. Pues Dios ofreció a Jesús como el sacrificio por el pecado. Las personas son declaradas justas a los ojos de Dios cuando creen que Jesús sacrificó su vida al derramar su sangre. Ese sacrificio muestra que Dios actuó con justicia cuando se contuvo y no castigó a los que pecaron en el pasado, porque miraba hacia el futuro y de ese modo los incluiría en lo que llevaría a cabo en el tiempo presente. Dios hizo todo eso para demostrar su justicia, porque él mismo es justo e imparcial, y a los pecadores los hace justos a sus ojos cuando creen en Jesús. Romanos 3:23-26

(Sobre este tema hablaremos más ampliamente en las siguientes lecciones)

La resurrección

Punto central en la fe cristiana. El apóstol Pablo menciona que la fe cristiana se cae o se sostiene en la resurrección (1 Corintios 15:14). Es este acto sobrenatural, hecho por Jesucristo, el que nos permite tener esperanza de que la vida no se termina al morir, sino que hay una eternidad.

Después de la resurrección se apareció a distintas personas

A María Magdalena y a las otras mujeres (Mateo 28:8-10, Marcos 16:9-10, Juan 20:11-18). Pedro, por la tarde (Lucas 24:24, 1 Corintios 15:5). A los discípulos en el camino a Emaús, al anochecer (Marcos 16:12, Lucas 24:13-32); nuevamente a los discípulos, excepto Tomás, en el aposento alto (Lucas 24:36-43, Juan 20:19-35); una vez más a los discípulos incluso Tomás, el próximo domingo por la noche (Marcos 16:14, Juan 20:26-29). A siete discípulos junto al mar de Galilea (Juan 21: 1-24). Los apóstoles y a más de 500 hermanos y a Jacob el medio hermano del Señor (1 Corintios 15:6-7). Por último, a los que presenciaron la ascensión (Mateo 28: 18-20, Marcos 16:19, Lucas 24:44-53, Hechos 1:3-12). [16]

La resurrección de Cristo significa cumplimiento de las profecías (Hechos 2:30-31), Tenemos un salvador (Isaías 53:3-7), la fundación de un reino indestructible (Lucas 1:32-33) y la comprobación de que Cristo es el Hijo de Dios (Romanos 1:4).

"…Dios tomará en cuenta nuestra fe como justicia, pues creemos en aquel que levantó de entre los muertos a Jesús nuestro Señor. Él fue entregado a la muerte por nuestros pecados, y resucitó para nuestra justificación". Romanos 4:24-25

MINISTERIO DE CRISTO

Sumo sacerdote

Pero Cristo, habiendo ofrecido una vez para siempre un solo sacrificio por los pecados, se ha sentado a la diestra de Dios, de ahí en adelante esperando hasta que sus enemigos sean puestos por estrado de sus pies. Hebreos 10:12-13

Como cabeza de su cuerpo (Su iglesia)

Levantó a Cristo de los muertos y lo sentó en el lugar de honor, a la derecha de Dios, en los lugares celestiales. Ahora Cristo está muy por encima de todo, sean gobernantes o autoridades o poderes o dominios o cualquier otra cosa, no solo en este mundo sino también en el mundo que vendrá. Dios ha puesto todo bajo la autoridad de Cristo, a quien hizo cabeza de todas las cosas para beneficio de la iglesia. Y la iglesia es el cuerpo de Cristo; Él la completa y la llena, y también es quien da plenitud a todas las cosas en todas partes con su presencia. Efesios 1:20-23

El único salvador del mundo

¡En ningún otro hay salvación! Dios no ha dado ningún otro nombre bajo el cielo, mediante el cual podamos ser salvos. Hechos 4:12

El único mediador

Pues, Hay un Dios y un Mediador que puede reconciliar a la humanidad con Dios, y es el hombre Cristo Jesús. 1 Timoteo 2:5

El único camino al Padre

Jesús le contestó: —Yo soy el camino, la verdad y la vida; nadie puede ir al Padre si no es por medio de mí. Juan 14:6

El único abogado ante el Padre

Mis queridos hijos, les escribo estas cosas, para que no pequen; pero si alguno peca, tenemos un abogado que defiende nuestro caso ante el Padre. Es Jesucristo, el que es verdaderamente justo. Él mismo es el sacrificio que pagó por nuestros pecados, y no solo los nuestros sino también los de todo el mundo. 1 Juan 2:1-2

Conclusión

Jesucristo es Dios hecho hombre. Murió por nosotros para ser perdonados y reconciliados con el padre, resucitó para estar con nosotros y darnos nueva vida. Nuestra respuesta: Debemos arrepentirnos, creer y reconocerle como nuestro único Salvador y al Espíritu Santo como nuestro ayudador. Tomando la decisión de ser sus seguidores para siempre.

Reflexión

Y tendrá un hijo y lo llamarás Jesús, porque él salvará a su pueblo de sus pecados». Mateo 1:21

El nombre de Jesús en varios idiomas.[17]

- Hebreo Yeshua
- Griego Yeisus
- Latín Yesus
- Español Jesús

Acción

- ¿Has permitido que Jesucristo sea tu único Salvador y Señor? Si no lo has hecho dile: "Señor Jesucristo ven a mi corazón y sé el Señor de mi vida, te entrego mi voluntad para que tú la gobiernes. Te pido que perdones todos mis pecados y hagas de mi la persona que tu deseas. Concédeme nacer de nuevo por tu Espíritu Santo, amén".

- ¿Te has alejado de Dios? Hoy es tiempo de regresar.

- Alcanza a tus conocidos con este mensaje de esperanza.

ACTIVIDAD DE APRENDIZAJE 3
"Conociendo a Jesucristo"

Nombre: _____

Conteste las siguientes preguntas

1. Con sus propias palabras explique lo que significa "preexistencia"

_____
_____
_____

2. Explique ¿Por qué es importante la resurreción de Cristo?
_____
_____
_____

Complete la frase

3. Jesucristo tuvo un cuerpo humano, esto se demuestra porque Él tuvo _____.

4. Un ministerio presente de Jesús es que Él es _____ de su cuerpo.

Subraye la respuesta correcta

5. ¿Cuál es una de las obras que Jesucristo hace y que solo el Padre puede hacer?

    a. Obras de caridad   b. Perdonar   c. Amar

6. La perfecta humanidad de Cristo se puede ver en su...

    a. Omnipotencia   b. Humildad   c. Cuerpo humano

7. La palabra "vicario" significa:

    a. Muerte   b. "en lugar de otra"   c. Pecador

Encierre en un círculo si es Falso o Verdadero

8. La omnipotencia es un atributo divino que posee el Señor Jesús..F o V

9. El tener hambre es un atributo divino del Señor Jesús........ F o V

Explique lo siguiente

10. En tus propias palabras. Explique dos enseñanzas de esta lección que hayan impactado tu vida esta semana.

_____
_____
_____
_____

ANOTACIONES

CONOCIENDO A JESUCRISTO

1 LA PREEXISTECIA DE CRISTO

4 LA OBRA CONSUMADA DE CRISTO

2 LA HUMANIDAD DE CRISTO

5 MINISTERIO PRESENTE Y FUTURO DE CRISTO

3 LA DEIDAD DE CRISTO

6 CONCLUSIONES DEL TEMA

NOMBRE

FECHA

CLASE

MAESTRO

CONOCIENDO AL ESPÍRITU SANTO

Lección 4

CONOCIENDO AL ESPÍRITU SANTO

Introducción

La comunión con el Espíritu Santo es fundamental para el discípulo de Jesús, pues en Él se sustenta el poder, la revelación y la regeneración. Él es fuente de amor, gozo, paz, humildad, fe. El dejar que el habite en nosotros dirigiendo nuestra voluntad, el resultado será una transformación continua.

Texto Clave

Y yo le pediré al Padre, y él les dará otro Abogado Defensor, quien estará con ustedes para siempre. Me refiero al Espíritu Santo, quien guía a toda la verdad. El mundo no puede recibirlo porque no lo busca ni lo reconoce; pero ustedes sí lo conocen, porque ahora él vive con ustedes y después estará en ustedes.
Juan 14:16-17

Propósito

Conocer más profundo al Espíritu Santo, en su persona, su función, sus dones, su fruto; con el fin de vivir una vida cristiana en triunfo.

Temas

- La naturaleza divina del Espíritu Santo

- El Espíritu Santo es una persona

- Espíritu Santo y el discípulo

El Espíritu Santo es más que un simbolismo, Él es una persona divina y desea ser nuestro amigo.

LA NATURALEZA DIVINA DEL ESPÍRITU SANTO

La naturaleza divina del Espíritu Santo no está separada de la naturaleza divina del Padre y del Hijo, ya que participan de la misma esencia. La Escritura enseña que cada una de las tres personas posee esta única e indivisible esencia divina en su totalidad. Juan 14-16

El Espíritu Santo es Dios

Participa en la creación

"El Espíritu de Dios me hizo, y el soplo del omnipotente me dio vida". Job 33:4

El Espíritu Santo se manifiesta en unidad con el Padre y Jesús

"Y cuando Jesús fue bautizado, en seguida subió del agua, y he aquí los cielos le fueron abiertos, y vio al Espíritu de Dios que descendía como paloma y venía sobre él. Y he aquí, una voz de los cielos decía: "Este es mi Hijo amado, en quien tengo complacencia". Mateo 3:16-17

Jesús mencionó al Espíritu Santo como si fuera Él

Si me aman, obedezcan mis mandamientos. Y yo le pediré al Padre, y él les dará otro Abogado Defensor, quien estará con ustedes para siempre. Me refiero al Espíritu Santo, quien guía a toda la verdad. El mundo no puede recibirlo porque no lo busca ni lo reconoce; pero ustedes sí lo conocen, porque ahora él vive con ustedes y después estará en ustedes. No los abandonaré como a huérfanos; vendré a ustedes. Juan 14:15-18

El Espíritu Santo es llamado Dios por el Apóstol Pedro

"Y Pedro dijo: —Ananías, ¿Por qué llenó Satanás tu corazón para mentir al Espíritu Santo y sustraer del precio del campo? Reteniéndolo, ¿Acaso no seguía siendo tuyo? Y una vez vendido, ¿No estaba bajo tu autoridad? ¿Por qué propusiste en tu corazón hacer esto? No has mentido a los hombres, sino a Dios. Entonces Ananías, oyendo estas palabras, cayó y expiró. Y gran temor sobrevino a todos los que lo oían". Hechos 5:3-4

Pablo y Pedro reconocen que el Espíritu Santo es Dios

Toda la Escritura es inspirada por Dios... 2 Timoteo 3:16. *"Porque nunca la profecía fue traída por voluntad humana, sino que los santos hombres de Dios hablaron siendo inspirados por el Espíritu Santo".* 2 Pedro 1:21

El Apóstol Pablo nos enseña el tener comunión con el Espíritu Santo

Que la gracia del Señor Jesucristo, el amor de Dios y la comunión del Espíritu Santo sean con todos ustedes. 2 Corintios 13:14

Los atributos divinos del Espíritu Santo

Omnipresente

¡Jamás podría escaparme de tu Espíritu! ¡Jamás podría huir de tu presencia! Si subo al cielo, allí estás tú; si desciendo a la tumba, allí estás tú. Salmos 139:7-8

Omnisciente

Pero a nosotros Dios nos las reveló por el Espíritu; porque el Espíritu todo lo escudriña, aun las cosas profundas de Dios. Pues ¿quién de los hombres conoce las cosas profundas del hombre, sino el espíritu del hombre que está en él? Así también, nadie ha conocido las cosas profundas de Dios, sino el Espíritu de Dios. 1 Corintios 2:10-11

Omnipotente

Pero recibirán poder cuando el Espíritu Santo descienda sobre ustedes; y serán mis testigos, y le hablarán a la gente acerca de mí en todas partes: en Jerusalén, por toda Judea, en Samaria y hasta los lugares más lejanos de la tierra. Hechos 1:8

Eterno

"¡Cuánto más la sangre de Cristo, quien mediante el Espíritu eterno se ofreció a sí mismo sin mancha a Dios, limpiará nuestras conciencias de las obras muertas para servir al Dios vivo!". Hebreos 9:14

EL ESPÍRITU SANTO ES UNA PERSONA

Características

Tiene mente

Y el Padre, quien conoce cada corazón, sabe lo que el Espíritu dice, porque el Espíritu intercede por nosotros, los creyentes, en armonía con la voluntad de Dios. Romanos 8:27

Tiene voluntad

Es el mismo y único Espíritu quien distribuye todos esos dones. Solamente él decide qué don cada uno debe tener. 1 Corintios 12:11

Habla

El Espíritu Santo le dijo a Felipe: «Acércate y camina junto al carruaje», (Hechos 8:29). También, habló al apóstol Pedro: *"Como Pedro seguía meditando en la visión, el Espíritu le dijo: "He aquí, tres hombres te buscan",* (Hechos 10:19). Él habló a los ancianos en la ciudad de Antioquia, (Hechos 13:2).

Ama

"Pero os ruego, hermanos, por nuestro Señor Jesucristo y por el amor del Espíritu, que luchéis conmigo en oración por mí delante de Dios". Romanos 15:30

Intercede

Además, el Espíritu Santo nos ayuda en nuestra debilidad. Por ejemplo, nosotros no sabemos qué quiere Dios que le pidamos en oración, pero el Espíritu Santo ora por nosotros con gemidos que no pueden expresarse con palabras. Y el Padre, quien conoce cada corazón, sabe lo que el Espíritu dice, porque el Espíritu intercede por nosotros, los creyentes, en armonía con la voluntad de Dios. Romanos 8:26-27

Lo que no debemos hacer en nuestra relación con el Espíritu Santo

Mentir

"Y Pedro dijo: Ananías, ¿Por qué llenó Satanás tu corazón para mentir al Espíritu Santo…?". Hechos 5:3

Resistir

» ¡Pueblo terco! Ustedes son paganos de corazón y sordos a la verdad. ¿Resistirán para siempre al Espíritu Santo? Eso es lo que hicieron sus antepasados, ¡y ustedes también! Hechos 7:51

Contristar

No entristezcan al Espíritu Santo de Dios con la forma en que viven. Recuerden que Él los identificó como suyos y así les ha garantizado que serán salvos el día de la redención. Efesios 4:30

Apagar

No apaguen al Espíritu Santo. 1 Tesalonicenses 5:19

Blasfemar

Por eso les digo, cualquier pecado y blasfemia pueden ser perdonados, ex-cepto la blasfemia contra el Espíritu Santo, que jamás será perdonada, (Mateo 12:31). Esta blasfemia es una constante burla de atribuir al diablo lo que hace Dios, y una fuerte resistencia para no reconocer a Jesús como el Mesías.

En la Biblia le representan los siguientes símbolos

(No debemos quedarnos con el símbolo, sino con lo que esto le representa)

- **Paloma.** Representa belleza, docilidad, limpieza, confir-mación, dirección. Lucas 3:22

- **Aceite.** Representa alimento, medicina, iluminación, ungi-miento, empoderamiento, asignación. Lucas 4:18

- **Agua.** Representa limpieza, vida, alegría, esperanza, ple-nitud, producción. Juan 7:38-39

- **Viento.** Representa soberanía, quebrantamiento, poder. Hechos 2:2

- **Fuego.** Representa aprobación, purificación, protección, limpieza, sacrificio, juicio, prueba. Mateo 3:11-12

- **Sello.** Representa confirmación, pacto, autentico, apar-tado y original. Efesios 1:13

- **Arras.** Representa un anticipo de un pacto o de una pro-mesa por cumplirse. 2 Corintios 1:21-22

Lo que no es el Espíritu Santo

- Un Espíritu creado, lo cual sería negar su deidad.

- Solo un símbolo o energía, lo cual sería negar su persona.

- Solo emoción, lo cual sería negar su regeneración.

- Solo dones, lo cual sería negar el fruto.

- Algo que se puede manipular, lo cual sería negar su soberanía.

EL ESPÍRITU SANTO Y EL DISCÍPULO

¿No se dan cuenta de que todos ustedes juntos son el templo de Dios y que el Espíritu de Dios vive en ustedes? 1 Corintios 3:16

Su obra en nosotros

Nos atrae a Jesús

Y cuando él venga, convencerá al mundo de pecado y de la justicia de Dios y del juicio que viene, (Juan 16:8). El Espíritu Santo nos convence de que Dios es justo, y nosotros somos pecadores. A causa de nuestro pecado habrá un juicio. También, nos revela la solución: creer en su palabra, arrepentirnos, reconocer a Jesucristo como nuestro único Salvador y Señor.

Nos da el nuevo nacimiento

Hay dos familias en nuestra vida. La primera familia, se origina en Adán y Eva. Nuestros padres biológicos son los medios que Dios usa para ingresarnos a la vida física. *El ser humano solo puede reproducir la vida humana, pero la vida espiritual nace del Espíritu Santo,* (Juan 3:6). La segunda familia, donde se opera el segundo naci-

miento es por el Espíritu Santo. Este es espiritual y nos da propósito; nos enseña para qué nacimos la primera vez. *Él nos salvó, no por
las acciones justas que nosotros habíamos hecho, sino por su misericordia. Nos
lavó, quitando nuestros pecados, y nos dio un nuevo nacimiento y vida nueva por
medio del Espíritu Santo.* Tito 3:5

Al tener el nuevo nacimiento. El Espíritu Santo vive en nosotros,
nos bautiza, nos sella como de su propiedad, nos traslada a su reino,
nos integra al cuerpo de Cristo, y nos regenera. *Y ahora ustedes, los
gentiles, también han oído la verdad, la Buena Noticia de que Dios los salva.
Además, cuando creyeron en Cristo, Dios los identificó como suyos* al darles el
Espíritu Santo, el cual había prometido tiempo atrás. *El Espíritu es
la garantía que tenemos de parte de Dios de que nos dará la herencia que nos
prometió y de que nos ha comprado para que seamos su pueblo. Dios hizo todo
esto para que nosotros le diéramos gloria y alabanza.* Efesios 1:13-14

Nadie puede nacer de nuevo sin la revelación de la palabra y el
poder del Espíritu Santo. *Jesús le contestó: —Te digo la verdad, nadie
puede entrar en el reino de Dios si no nace de agua y del Espíritu.* Juan 3:5

Cuando no hemos nacido de nuevo, la vida que tenemos se nos
hace lógica, mientras la vida del Espíritu Santo la vemos anormal.
*Pero los que no son espirituales no pueden recibir esas verdades de parte del
Espíritu de Dios. Todo les suena ridículo y no pueden entenderlo, porque solo
los que son espirituales pueden entender lo que el Espíritu quiere decir.* 1 Corintios 2:14

Produce su fruto en nosotros

El fruto representa el carácter de Cristo. Éstas son cualidades
internas que el Espíritu Santo quiere seguir desarrollando en cada
cristiano. Él quiere que seamos discípulos, familias e iglesias con el
fruto de amor, gozo, paz, paciencia, benignidad, bondad, fe, man-
sedumbre y dominio propio, (Gálatas 5:22-23). Estamos siendo
transformados a su imagen, a través de un proceso. *Con la cara des-*

cubierta, todos nos quedamos mirando fijamente la gloria del Señor, y así somos transformados en su imagen cada vez con más gloria. Este cambio viene del Señor, es decir, del Espíritu. 2 Corintios 3:18 (PDT)

Nos da dones (Regalos)

Los dones son el poder de Cristo, nos equipan para el servicio y para edificar a su iglesia. En 1 Corintios 12:1-10 se mencionan nueve dones: *Profecía, Lenguas, Interpretación de Lenguas, Palabra de Conocimiento, Palabra de Sabiduría, Discernimiento de espíritus, Milagros, Sanidades y Fe.* Encontramos más regalos de Dios en Efesios 4:11 y en Romanos 12:6-8.

Debemos ser continuamente llenos del Espíritu Santo

Así que tengan cuidado de cómo viven. No vivan como necios sino como sabios. Saquen el mayor provecho de cada oportunidad en estos días malos. No actúen sin pensar, más bien procuren entender lo que el Señor quiere que hagan. No se emborrachen con vino, porque eso les arruinará la vida. En cambio, sean llenos del Espíritu Santo cantando salmos e himnos y canciones espirituales entre ustedes, y haciendo música al Señor en el corazón. Y den gracias por todo a Dios el Padre en el nombre de nuestro Señor Jesucristo. Efesios 5:15-20

Algunos puntos claves de este texto

Sabiduría. Es vivir con la dirección del Espíritu Santo. Necedad es repetir cada cierto tiempo, el mismo patrón de conducta.

Los días malos. El rey David en los salmos, se refería a los días malos cuando los asuntos de su vida cotidiana no iban bien. Salomón se refiere a los días malos, cuando estamos en el ocaso de la vida que ya somos de edad avanzada y no hemos adquirido sabiduría. Pablo se refiere a los días malos por la maldad que se ha multiplicado.

Saquemos el mayor provecho. Cuando pasemos por una mala temporada, aprovechemos esa experiencia para ayudar a otros. No nos convirtamos solo en personas que siempre demandan ayuda, sino que brindemos ayuda a otros que están pasando por lo que nosotros ya experimentamos.

No actúen sin pensar. Muchos de nuestros retos actuales son por no pedir la dirección del Espíritu Santo.

No se emborrachen. Las adicciones influyen en las personas, de tal manera que los lleva a la ruina de su familia, economía, y salud. Si en vez de permitir que las adicciones nos controlen, permitimos que el Espíritu Santo lo haga, producirá en nosotros un fruto mejor y agradable.

La llenura. Es una decisión diaria, donde elegimos que el Espíritu Santo nos guie y nos dé su poder. Nuestra comunión con Él, se verá reflejada en nosotros en una vida de adoración, gratitud, fruto, y triunfo.

Estemos en comunión con el Espíritu Santo

Que la gracia del Señor Jesucristo, el amor de Dios y la comunión del Espíritu Santo sean con todos ustedes, (2 Corintios 13:14). El éxito y fracaso depende de la voz que decidimos oír. *El que atiende a la palabra, prospera. ¡Dichoso el que confía en el Señor!* (Proverbios 16:20). La Biblia es el fundamento y forma primordial para escuchar su voz. *Toda la Escritura es inspirada por Dios, y útil para enseñar, para redargüir, para corregir, para instruir en justicia, a fin de que el hombre de Dios sea perfecto, enteramente preparado para toda buena obra.* 2 Timoteo 3:16-17

Conclusión

El Espíritu Santo bautiza, regenera, restaura, corrige, ayuda, consuela, convence, redarguye, unge e intercede. Da poder, valentía, habla, ama, sana, guía, revela, disciplina, libera, y administra. Produce fruto en nosotros, nos equipa con sus dones y nos llama al ministerio. Esta aquí para glorificar a Cristo y culminar la obra que Él inició en nosotros. Nuestra función es permitir que nos gobierne.

Reflexión

¿Tienes sed de plenitud, de libertad, de tener un amigo a tu lado?

El último día de la fiesta era el más importante. Aquel día Jesús, puesto de pie, dijo con voz fuerte: —Si alguien tiene sed, venga a mí, y el que cree en mí, que beba. Como dice la Escritura, del interior de aquél correrán ríos de agua viva. Juan 7:37-39

No midas su presencia por tus emociones, sino por la fe en su palabra.

Acción

- Pide perdón si lo has contristado o resistido cuando Él te ha dado una indicación. ¿Estás batallando con algún pecado, alguna adicción que no has podido vencer? ¿Te has descartado o te han descartado del servicio a Dios? No estás solo, platícale al Espíritu Santo y pide su poder.

- Pide que desarrolle su fruto y sus dones en ti.

- Pídele que convenza a tus conocidos de la necesidad de un Salvador.

ACTIVIDAD DE APRENDIZAJE 4
"Conociendo al Espíritu Santo"

Nombre: _____

Subraye la respuesta correcta

1. Hacer esto en contra del Espíritu Santo no sería perdonado.

a. Entristecerle   b. Mentir   c. Blasfemar

2. Una actitud que no debemos hacer en nuestra relación con el Espíritu Santo.

a. Entristecerle   b. Amar   c. Compartirlo

3. Es un atributo divino del Espíritu Santo

a. Amor   b. Eterno   c. Voluntad

4. Es una característica de la personalidad del Espíritu Santo

a. Intercede   b. Eterno   c. Gozo

5. Son regalos que el Espíritu Santo da a los creyentes

a. Frutos   b. Bautismo   c. Dones

6. El Espíritu Santo produce en los creyentes

a. Frutos   b. Bautismo   c. Dones

7. Al acto donde el Espíritu Santo nos sella y vive en nosotros se le llama.

a. Frutos   b. Bautismo   c. Dones

Conteste las siguiente preguntas

8. Explique lo que es llenura del Espíritu Santo

_____

_____

_____

_____

9. Explique un símbolo del Espíritu Santo

_____

_____

_____

_____

10. ¿Qué aprendiste de esta lección que haya impactado tu vida?

_____

_____

_____

_____

ANOTACIONES

CONOCIENDO AL ESPIRITU SANTO

1 LA NATURALEZA DIVINA DEL ESPÍRITU SANTO

4 ¿ESTÁS ORANDO POR UNA PERSONA?

2 EL ESPÍRITU SANTO ES UNA PERSONA

5 CONCLUSIONES DEL TEMA

3 EL ESPÍRITU SANTO Y EL DISCIPULO

6

NOMBRE

FECHA

CLASE

MAESTRO

CONOCIENDO LA CREACIÓN DEL SER HUMANO

Lección 5

CONOCIENDO LA CREACIÓN DEL SER HUMANO

Introducción

En este estudio vamos a la fuente de información sobre el origen del ser humano. El hombre siempre se ha preguntado: "¿Quién soy?" "¿Qué hago aquí?" "¿A dónde voy?". A estas preguntas, la Palabra de Dios contesta: Somos su imagen, creados en el vientre de nuestra madre, estamos aquí para vivir centrados en su propósito, y vamos a un paraíso eterno.

Texto clave

Tú creaste las delicadas partes internas de mi cuerpo y me entretejiste en el vientre de mi madre. ¡Gracias por hacerme tan maravillosamente complejo! Tu fino trabajo es maravilloso, lo sé muy bien. Tú me observabas mientras iba cobrando forma en secreto, mientras se entretejían mis partes en la oscuridad de la matriz. *Me viste antes de que naciera. Cada día de mi vida estaba registrado en tu libro. Cada momento fue diseñado antes de que un solo día pasara.* **Salmo 139:14-16**

Propósito

Conocer el origen del ser humano, como se compone y cuál es su posición delante de Dios.

Temas

- Dios creó al ser humano
- Condición del ser humano antes de pecar
- Constitución del ser humano
- El origen de la familia

"En el corazón de todo hombre existe un vacío que tiene la forma de Dios. Este vacío no puede ser llenado por ninguna cosa creada. Él puede ser llenado únicamente por Dios, hecho conocido mediante Cristo Jesús". Blaise Pascal

DIOS CREÓ AL SER HUMANO

Entonces dijo Dios: Hagamos al hombre a nuestra imagen, conforme a nuestra semejanza; y señoree en los peces del mar, en las aves de los cielos, en las bestias, en toda la tierra, y en todo animal que se arrastra sobre la tierra. Génesis 1:26

La naturaleza del ser humano

Dios creó a los seres humanos a su propia imagen. A imagen de Dios los creó; hombre y mujer los creó. Génesis 1:27

¿Qué quiere decir a imagen de Dios?

La naturaleza moral del hombre

El hombre se asemeja a su Creador en su naturaleza moral. El hombre fue creado con pureza, sin pecado. Razón por la cual tenía amistad con Dios.

La naturaleza intelectual del hombre

Las facultades intelectuales del hombre, desde el comienzo, prueban que el hombre no evolucionó de una orden inferior. Se le dio la inteligencia necesaria para nombrar a todas las criaturas vivientes y dominar la tierra. Se le dio el poder de razonar y tomar decisiones. Fue creado con libre albedrío. Fue a causa de esta habilidad, dada por Dios, que el hombre tuvo la oportunidad de tomar una decisión errónea y pecar.

La apariencia corporal del hombre

Dios es Espíritu, pero fue su plan y propósito, manifestarse en la encarnación. La "Imagen de Dios" tiene alguna referencia a la apariencia corporal de un hombre, esto quiere decir a la semejanza del hombre Cristo Jesús que habría de nacer en Belén.

La condición del ser humano en el Edén

Su ambiente perfecto. Estaba ubicado en un jardín fructífero. *Después, el Señor Dios plantó un huerto en Edén, en el oriente, y allí puso al hombre que había formado,* (Génesis 2:8). Algunos sostienen que el hombre primitivo era un hombre de las cuevas, pero esto no fue así, porque él era hombre de huerto. Los primeros registros que tenemos de hombres que vivieron en cuevas son de los que eran perseguidos: *"De los cuales el mundo no era digno; errando por los desiertos, por los montes, por las cuevas y por las cavernas de la tierra",* (Hebreos 11:38); Este jardín es llamado "el Huerto del Edén". Edén significa: "Lugar de deleite o delicias".[18] Parece ser que, en Mesopotamia, es el lugar donde comenzó a habitar el hombre sobre la faz de la tierra.

Su compañera. *"Más para Adán no se halló ayuda idónea para él... Y de la costilla que Dios tomó del hombre, hizo una mujer, y la trajo al hombre",* (Génesis 2:20-22). Las palabras "ayuda idónea" significan "compatible". Eva era la compañera adecuada para Adán. Hay algunos que se ríen de esta historia, pero no pueden decirnos de dónde vino la mujer. ¿Por qué cree que Dios no hizo a la mujer del polvo de la tierra? Por la sencilla razón de que Dios no quería tener dos orígenes para la humanidad.

Su obra. *"Y los bendijo Dios, y les dijo: Fructificad y Multiplicaos; llenad la tierra, y sojuzgadla, y señoread en los peces del mar, en las aves de los cielos, y en todas las bestias que se mueven sobre la tierra",* (Génesis 1:28). *"El* Señor Dios puso al hombre en el jardín de Edén para que se ocupara de él y lo custodiara», (Génesis 2:15). En este huerto había trabajo, pero no la clase de trabajo que nos agota físicamente. En Génesis 2:15 vemos la palabra "custodiar" ¿Contra quién debía Adán custodiar o proteger el huerto? ¿Contra animales salvajes? ¿Contra personas malas? No, porque Adán era el único hombre, y aun no entraba el pecado. Creemos que él fue puesto para protegerlo de la posible aparición del diablo. Siempre que el hombre es colocado en un cargo de confianza y autoridad, Dios le da amplias indicaciones de lo que debe hacer.

Su alimento. También les dijo: *Entonces Dios dijo: ¡Miren! Les he dado todas las plantas con semilla que hay sobre la tierra y todos los árboles frutales para que les sirvan de alimento,* (Génesis 1:29). Después del diluvio Dios especifica el comer carne, y más tarde en la ley incluye reglas para regular qué tipos de animales. *Después, Dios bendijo a Noé y a sus hijos, y les dijo: Sean fructíferos y multiplíquense; llenen la tierra. Todos los animales de la tierra, todas las aves del cielo, todos los animales pequeños que corren por el suelo y todos los peces del mar tendrán temor y terror de ustedes. Yo los he puesto bajo su autoridad. Se los he dado a ustedes como alimento, como les he dado también los granos y las verduras.* Génesis 9:1-3

Su responsabilidad en el huerto

Llenen la tierra y gobiérnenla. *Luego Dios los bendijo con las siguientes palabras: «Sean fructíferos y multiplíquense. Llenen la tierra y gobiernen sobre ella. Reinen sobre los peces del mar, las aves del cielo y todos los animales que corren por el suelo».* Génesis 1:28

Abstenerse de comer el fruto prohibido. Este fruto era del árbol del conocimiento del bien y del mal. *"Pero el Señor Dios le advirtió: «Puedes comer libremente del fruto de cualquier árbol del huerto, excepto del árbol del conocimiento del bien y del mal. Si comes de su fruto, sin duda morirás»,* (Génesis 2:16-17). El árbol de la ciencia del bien y el mal representa el razonamiento humano, donde no se toma en cuenta a Dios. No era tanto el fruto, sino que Dios quería probar la obediencia de ellos.

LA CONSTITUCIÓN DEL SER
HUMANO: ESPÍRITU, ALMA Y CUERPO

Ahora, que el Dios de paz los haga santos en todos los aspectos, y que todo su espíritu, alma y cuerpo se mantenga sin culpa hasta que nuestro Señor Jesucristo vuelva. 1 Tesalonicenses 5:23

El cuerpo

Nuestro cuerpo fue hecho de la tierra. *"Luego el Señor Dios formó al hombre del polvo de la tierra. Sopló aliento de vida en la nariz del hombre, y el hombre se convirtió en un ser viviente."*, (Génesis 2:7). El cuerpo es manifestado en las Escrituras como la habitación del hombre interior. *"¡Cuánto más en los que habitan en casas de barro, cuyos cimientos están en el polvo, y que serán quebrantados por la polilla!"*, (Job 4:19). Un análisis químico moderno demuestra el origen del ser humano. El cuerpo humano tiene los mismos elementos que se hallan en la tierra; debajo de los pies del hombre. Estos elementos son el sodio, el carbono, el hierro y cosas semejantes.[19]

La tierra sustenta la existencia del ser humano. El cuerpo es alimentado por aquello que crece de la tierra. Es el cuerpo, y no el espíritu del hombre que se mantiene con los productos del campo. En nuestra época se ha demostrado que cuando escasea la vegetación, se quita la existencia del hombre. Si matamos la vegetación, nosotros morimos también.

El cuerpo es la materia que nos hace estar en contacto con el mundo físico.[20] En el cuerpo se encuentran los sentidos. Su cuidado, está basado en una buena alimentación, hacer ejercicio, dormir bien, y cuidados generales. En el cuerpo se encuentra la morfología, fisiología y anatomía.[21] La Biblia señala que nuestro cuerpo es templo del Espíritu Santo (1 Corintios 6:19). Por lo tanto, Dios dignifica nuestro cuerpo; dándole la importancia correspondiente.

El alma

Formó, pues, el Señor Dios al hombre del polvo de la tierra, y sopló en su nariz el aliento de vida; y fue el hombre un alma viviente. Génesis 2:7 (JBS)

El alma es la vida consciente que está en los hombres y en los animales.[22] No obstante, hay una diferencia entre el alma irracional de los animales y la de los hombres. El alma del animal está conectada con su cuerpo, mientras que el alma del hombre está conectada con su espíritu. El alma de un animal muere con su cuerpo, pero el alma del hombre no muere jamás, porque él fue hecho un "alma viviente", es decir, un alma que nunca morirá. Mateo 10:28

En el alma es donde se encuentra nuestra voluntad, nuestra personalidad y libre albedrío. En el alma esta la mente. Aquí se encuentra el consiente, subconsciente y el inconsciente.[23] Esto nos permite razonar, crear, acumular conocimiento. Sin la mente seríamos sin inteligencia.

En el alma están las emociones.[24] Por medio de ellas expresamos alegría, tristeza, enojo, deseo. Si nuestra voluntad está guiada por Dios, producirá pensamientos de vida y por consecuente se verá reflejado en emociones sanas. Colosenses 3:12-14

El espíritu humano[25]

Sin embargo, hay un espíritu dentro de las personas, el aliento del Todopoderoso en ellas, que las hace inteligentes. Job 32:8

En el cristiano, es en su espíritu, donde habita el Espíritu Santo y es ahí donde se origina la vida espiritual, (Romanos 8:16). También la palabra "espíritu" se traduce como corazón u hombre interior en la Biblia, (Mateo 22.37, Juan 7:38). El que no ha tenido un nuevo nacimiento está amortecido su espíritu y no entiende las cosas espirituales. 1 Corintios 2:14

En el espíritu está la conciencia. Es la parte que discierne lo bueno y lo malo, no siempre es por el conocimiento almacenado en la mente sino por una capacidad que Dios ha puesto en todos para juzgar cuando se presenta el bien y el mal.[26] Romanos 2:15-16, Juan. 8:9

La intuición. Es la parte sensitiva del espíritu humano que nos hace buscar un ser supremo, razón por lo cual la humanidad cree en una deidad de manera innata. Aun los que no creen en Dios, dicen: "El universo conspira a nuestro favor", "nuestra madre naturaleza". Dándole así, un sentido de deidad. Marcos 2:8, 1 Corintios 3:16

La comunión. Es la necesidad de adorar a Dios, y comunicarnos con un ser espiritual, (Juan 4:23). Por esta razón, todos buscan una deidad a quien adorar y tenemos la tendencia de hacernos ídolos, héroes ficticios o buscar espíritus con quien platicar.

Nuestro espíritu humano, se mantiene sano cuando el Espíritu Santo nos gobierna, nos alimentamos con la palabra de Dios y tenemos comunión, (Mateo 4:4). *"Con Cristo estoy juntamente crucificado, y ya no vivo yo, más vive Cristo en mí; y lo que ahora vivo en la carne, lo vivo en la fe del Hijo de Dios, el cual me amó y se entregó a sí mismo por mí"* (Gálatas 2: 20). *Por eso les digo: dejen que el Espíritu Santo los guíe en la vida. Entonces no se dejarán llevar por los impulsos de la naturaleza pecaminosa.* Gálatas 5:16

EL ORIGEN DE LA FAMILIA

El plan de Dios

Así que Dios creó a los seres humanos a su propia imagen. A imagen de Dios los creó; hombre y mujer los creó. Génesis 1: 27

Los primeros capítulos de Génesis nos hablan del origen de la familia (Génesis 1:26-31; 2:18-25).

"Hombre y mujer" (Génesis 1:27). La familia tiene su origen en Dios, no es un invento humano o religioso.

"Ayuda idónea". *Después, el Señor Dios dijo: «No es bueno que el hombre esté solo. Haré una ayuda ideal para él»* (Génesis 2: 18). Adán puso nombres a todos los animales vivientes, pero no encontró entre ellos esa "ayuda idónea". Pero, cuando Dios trajo al hombre la mujer que había hecho; el hombre no dudó, sino afirmó: *"Esto es ahora hueso de mis huesos y carne de mi carne..."*. La palabra "idónea", quiere decir un complemento adecuado, y no un complemento inferior.

"Dejar a los padres". *Por tanto, dejará el hombre a su padre y a su madre, y se unirá a su mujer, y serán una sola carne,* (Génesis 2:24). No quiere decir que los despreciemos, el significado de "dejar a los padres" es que la relación matrimonial sea la prioridad de todas las demás relaciones, convirtiéndose ésta en la más importante, y ha de ser así para el resto de la vida.

"Una sola carne", (Génesis 2:24). Se refiere a la unidad del cuerpo en el amor sexual. Así como, la unidad en el alma, en la "forma de pensar" y en la toma de decisiones. También, en la unidad de su espíritu; tener los mismos intereses espirituales de amar y seguir conociendo al mismo Dios.

Ser compañeros, (Génesis 2:18, 22). Vivimos en familias porque nos necesitamos los unos a los otros. Una de las necesidades más grandes que tenemos es amar y ser amados. 2 Corintios 6:14; 1 Pedro 3: 1-12

Procreación y formación de los niños, (Génesis 1:28). El hombre y la mujer colaboran con Dios en la continuación de la creación. Asumiendo en el matrimonio la responsabilidad de amar, enseñar, proveer, y forjar a los hijos bajo los principios espirituales. Proverbios 22.6; 2 Timoteo 3:14-15, Deuteronomio 4:9; 6:7.

Realización sexual en el matrimonio, una expresión de amor, (1 Corintios 7:3-5). Dios nos dio el regalo de la intimidad sexual, no solo para procrear, sino para disfrutar el placer en el matrimonio; y también dice su palabra que nos protege de la tentación y la infidelidad. 1 Corintios 7:8-9

Edificación mutua, (1 Pedro 3:1-7). Es importante que los miembros de la familia se inspiren unos a otros a ser mejores, superarse y perdonarse mutuamente. El hogar es la primera es-cuela a la cual asiste el niño, y que deja marcas duraderas, para bien o para mal.

Conclusión

Dios es nuestro creador, Él nos creó en el vientre de nuestra madre, y nos dio identidad, propósito y destino. En Él se diseñó la familia con el plan de forjar las próximas generaciones a su imagen.

Reflexión

En amor habiéndonos predestinado para ser adoptados hijos suyos por medio de Jesucristo, según el puro afecto de su voluntad, para alabanza de la gloria de su gracia, con la cual nos hizo aceptos en el Amado, (Efesios 1: 5-6). Fuimos creados para ser adoptados sus hijos y que existiéramos para alabanza de su gloria. Esto conlleva el adorar, servir, ser su discípulo, formar parte de su familia, y darle a conocer a otras personas.

Acción

Afírmate con esta confesión: "Fui creado con propósito, con amor, con identidad". "Soy lo que Dios dice que soy, tengo lo que Dios dice que tengo, y puedo lo que Dios dice que puedo".

ACTIVIDAD DE APRENDIZAJE 5
"Conociendo la Creacion del Ser Humano"

Nombre: _____

Subraye la respuesta correcta

1. La Biblia señala que es el templo del Espíritu Santo

   a. Cuerpo   b. Alma   c. Espíritu

2. Es donde se encuentra nuestra voluntad, personalidad y libre albedrío

   a. Cuerpo   b. Alma   c. Espíritu

3. Aquí se encuentra la Intuición

   a. Cuerpo   b. Alma   c. Espíritu

4. El plan que Dios tiene para el matrimonio es...

   a. El sufrimiento   b. Prosperidad   c. Unirse en una
                                                    sola carne

5. La responsabilidad del hombre en el huerto era...

   a. Ninguna   b. No comer del fruto   c. Platicar con
                                                    Dios

Conteste las siguientes preguntas

6. ¿Qué quiere decir que fuimos creados a imagen de Dios, sabiendo que Dios es Espíritu?

_____

_____

_____

7. ¿Menciona algo que quieras compartirnos de lo que aprendiste esta semana?

_____

_____

_____

_____

Complete la frase

8. El hombre está compuesto por _____, _____ y cuerpo.

9. En el Espíritu se encuentra la conciencia, la _____ y la _____.

10. ¿Te consideras una bendición de Dios? _____. Menciona ¿Por qué?

_____

_____

_____

_____

_____

ANOTACIONES

CONOCIENDO LA CREACIÓN DEL SER HUMANO

1 DIOS CREO AL SER HUMANO	**4** EL ORIGEN DE LA FAMILIA

2 CONDICIÓN DEL SER HUMANO	**5** EL ORIGEN DE LA FAMILIA

3 CONSTITUCIÓN DEL SER HUMANO	**6** CONCLUSIONES DEL TEMA

NOMBRE   FECHA

CLASE   MAESTRO

CONOCIENDO
LA SALVACIÓN

Lección 6

CONOCIENDO LA SALVACIÓN

Introducción

La salvación, es, uno de los temas más importantes en toda la Biblia. El ser humano está perdido, y la misión del Señor es salvarle. Es fundamental que conozcamos cómo, dónde, y porqué de este trascendental hecho.

Texto Clave

Si declaras abiertamente que Jesús es el Señor y crees en tu corazón que Dios lo levantó de los muertos, serás salvo. Pues es por creer en tu corazón que eres hecho justo a los ojos de Dios y es por declarar abiertamente tu fe que eres salvo.
Romanos 10:9-10

Propósito

Conocer el origen del pecado, sus consecuencias; el plan de salvación que Dios tiene para la humanidad, ¿Qué es? ¿Por qué debe recibirlo toda persona? ¿Qué impide ser salvo? ¿Qué consecuencias hay al rechazarlo?

Temas

- El pecado
- Panorama de la salvación
- ¿Qué ganamos con la salvación?
- Pasos para la salvación

La seguridad de la salvación es más valiosa que cualquier logro en este mundo.

EL PECADO

Dios no puede ser considerado como autor del pecado. Esta idea, con toda claridad está excluida de la Biblia. Cuando Él creó al hombre, lo creó bueno. Él rechaza el pecado, (Deuteronomio 25:16), y proveyó en Cristo la salvación del ser humano.

Significado de pecado

El pecado es errar al blanco. *Cuando Adán pecó, el pecado entró en el mundo. El pecado de Adán introdujo la muerte, de modo que la muerte se extendió a todos, porque todos pecaron.* Romanos 5:12, donde la palabra "pecar" significa "errar al blanco".[27]

El pecado es una trasgresión. *"Todo aquel que comete pecado, infringe también la ley; pues el pecado es infracción de la ley".* 1 Juan 3:4

El pecado es rebelión contra Dios. *¡Escuchen, oh cielos! ¡Presta atención, oh tierra! Esto dice el Señor: «Los hijos que crie y cuidé se han rebelado contra mí.* Isaías 1:2

El pecado es engañoso. El pecado te demuestra solo el deleite temporal y no las consecuencias que este trae. *Y así lo sedujo con sus dulces palabras y lo engatusó con sus halagos. Él la siguió de inmediato, como un buey que va al matadero. Era como un ciervo que cayó en la trampa, en espera de la flecha que le atravesaría el corazón. Era como un ave que vuela directo a la red, sin saber que le costará la vida,* (Proverbios 7:21-23). *No te fijes en lo rojo que es el vino, ni en cómo brilla en la copa, ni en la suavidad con que se desliza; porque acaba mordiendo como serpiente y envenenando como víbora.* Proverbios 23:31-32

La Palabra de Dios nos enseña lo que es pecado, y trasciende en tiempos y culturas; como los 10 mandamientos. A veces, bajo nuestra interpretación y formación cultural, inventamos nuevos pecados que no existen o damos énfasis a cosas de menor importancia. Algo similar a lo que hacían los fariseos. Marcos 7:1-13

El origen del pecado

En el universo

El universo estaba en un estado perfecto. Satanás en su estado original, llamado Lucero, fue hecho perfecto, sin pecado. En Ezequiel 28:11-19, vemos que Lucifer trajo el pecado al universo. *"Se enalteció tu corazón a causa de tu hermosura, corrompiste tu sabiduría a causa de tu esplendor; yo te arrojaré por tierra; delante de los reyes te pondré para que miren en ti"* (v. 17). No existía el pecado antes de que Lucifer pecara y se convirtiera en el diablo.

En la raza humana

Dios creó al hombre sin pecado. *"Y vio Dios todo lo que había hecho, y he aquí que era bueno en gran manera. Y fue la tarde y la mañana el día sexto"*. Génesis 1:31

El pecado en el ser humano debe haber tenido un comienzo (con Adán y Eva en el huerto). Si el pecado no hubiese tenido un comienzo, el hombre podría haberse justificado diciendo que así fue creado en pecado y entonces el culpable sería Dios; pero esto no es el caso.[28] El pecado entró en la raza humana a través del engaño y la desobediencia; motivado por la incredulidad. Aunque el Diablo vino a esta tierra con el pecado; Dios le dio el poder de decisión a Adán y Eva. Es decir, los dotó de libre albedrío y tuvieron la oportunidad de decidir hacer el bien o el mal. *"Y Adán no fue engañado, sino que la mujer, siendo engañada, incurrió en trasgresión"*. 1 Timoteo 2:14

La totalidad del pecado en la humanidad. Todo su ser está afectado por el pecado; tanto el espíritu, como el alma y cuerpo. *Como dicen las Escrituras: «No hay ni un solo justo, ni siquiera uno. Nadie es realmente sabio, nadie busca a Dios. Todos se desviaron, todos se volvieron inútiles. No hay ni uno que haga lo bueno, ni uno solo».* Romanos 3:10-12

¿Por qué permitió Dios que el hombre pecara? Una de las respuestas podría ser lo que dice Efesios 2:7. *"Para mostrar en los siglos venideros las abundantes riquezas de su gracia en su bondad para con nosotros en Cristo Jesús".* Además, para el hombre fue una oportunidad de demostrarle a Dios que estaba con Él; porque le amaba. Uno no quiere tener la obediencia de los hijos a la fuerza, queremos que estén con nosotros porque nos aman.

Dios, en su presciencia (Anticipado conocimiento de las cosas), supo que el pecado se manifestaría después de la creación del hombre. Adán caería en desobediencia al mandato divino, y como consecuencia, el pecado y la muerte pasarían a través de él a todos los hombres. Sabiendo esto, Dios preparó un plan antes de la fundación del mundo, para la salvación de la humanidad. El pecado, ya estando en el mundo, Dios tendría el poder de juzgarlo; una vez para siempre en la Cruz del Calvario. *Pueblo de Israel, ¡escucha! Dios públicamente aprobó a Jesús de Nazaret* al hacer milagros poderosos, maravillas y señales por medio de él, como ustedes bien *saben; pero Dios sabía lo que iba a suceder y su plan predeterminado se llevó a cabo cuando Jesús fue traicionado. Con la ayuda de gentiles sin ley, ustedes lo clavaron en la cruz y lo mataron; pero Dios lo liberó de los terrores de la muerte y lo volvió a la vida, pues la muerte no pudo retenerlo bajo su dominio.* Hechos 2:22-24

La realidad del pecado

El ser humano nace con cimiente pecaminosa. *Cuando Adán pecó, el pecado entró en el mundo. El pecado de Adán introdujo la muerte, de modo que la muerte se extendió a todos, porque todos pecaron.* Romanos 5:12

El hombre confiesa su condición de pecador. Job fue quien dijo, *"He aquí que yo soy vil... Por tanto, me aborrezco",* (Job 40:4, 42:6). Isaías declaró, *"¡Ay de mí! que soy muerto y de labios inmundos",* (Isaías 6:5). Pedro clamó, *"Apártate de mí, Señor, porque soy hombre pecador",* (Lucas 5:8). Pablo declaró, *"Que Cristo Jesús vino al mundo para salvar a los pecadores, de los cuales yo soy el primero".*1 Timoteo 1:15

La naturaleza y nuestros cuerpos experimentan dolor y descomposición. Nuestro mundo se deteriora cada vez más, la creación y el cristiano gimen por una transformación. *Contra su propia voluntad, toda la creación quedó sujeta a la maldición de Dios. Sin embargo, con gran esperanza, la creación espera el día en que será liberada de la muerte y la descomposición, y se unirá a la gloria de los hijos de Dios. Pues sabemos que, hasta el día de hoy, toda la creación gime de angustia como si tuviera dolores de parto; y los creyentes también gemimos—aunque tenemos al Espíritu Santo en nosotros como una muestra anticipada de la gloria futura—porque anhelamos que nuestro cuerpo sea liberado del pecado y el sufrimiento. Nosotros también deseamos con una esperanza ferviente que llegue el día en que Dios nos dé todos nuestros derechos como sus hijos adoptivos, incluido el nuevo cuerpo que nos prometió.* Romanos 8:20-23

La ley es como un espejo, nos muestra nuestras faltas. A través de la historia de la Biblia, el hombre quiso ser bueno por sus fuerzas y le dijo a Dios: "Dime qué tengo que hacer y nosotros lo haremos". Por lo cual, la ley nos fue dada para descubrir nuestra condición pecaminosa y darnos cuenta de nuestra incapacidad de poder cumplirla. *"Ya que por las obras de la ley ningún ser humano será justificado delante de él; porque por medio de la ley es el conocimiento del pecado",* *pero ahora, tal como se prometió tiempo atrás en los escritos de Moisés y de los profetas, Dios nos ha mostrado cómo podemos ser justos ante él sin cumplir con las exigencias de la ley. Dios nos hace justos a sus ojos cuando ponemos nuestra fe en Jesucristo. Y eso es verdad para todo el que cree, sea quien fuere.* Romanos 3:20-22

Las consecuencias del pecado

Muerte

En las Escrituras, la muerte no significa "aniquilación" o "destrucción total", sino separación de Dios. La cual se dio por la caída de nuestros padres, Adán y Eva; y en segundo, por nuestra rebelión a Dios.

> **Muerte Física.** *Y así como cada persona está destinada a morir una sola vez y después vendrá el juicio.* Hebreos 9:27

> **Muerte espiritual.** *Que, a pesar de que estábamos muertos por causa de nuestros pecados, nos dio vida cuando levantó a Cristo de los muertos. (¡Es solo por la gracia de Dios que ustedes han sido salvados!)* Efesios 2:5

> **Muerte eterna.** *"Y la muerte y el Hades fueron lanzados al lago de fuego. Esta es la muerte segunda",* (Apocalipsis 20:14). *"... cuando se manifieste el Señor Jesús desde el cielo con los ángeles de su poder, en llama de fuego, para dar retribución a los que no conocieron a Dios, ni obedecen al evangelio de nuestro Señor Jesucristo; los cuales sufrirán pena de eterna perdición, excluidos de la presencia del Señor y de la gloria de su poder".* 2 Tesalonicenses 1:7-9

Condenación

"El que en Él cree, no es condenado; pero el que no cree, ya ha sido condenado, porque no ha creído en el nombre del unigénito Hijo de Dios". Juan 3:18

Castigo

"E irán éstos al castigo eterno, y los justos a la vida eterna". Mateo 25:46

El castigo no se origina en Dios, se origina en la desobediencia del hombre. Jeremías 2:19 dice: *"Tu maldad te castigará"*. De igual manera el infierno no fue creado para el ser humano. La Biblia enseña en Mateo 25:41 que fue hecho para el diablo y sus Ángeles. Sin duda irán a ese lugar todas las personas que rechacen la salvación que Dios está regalando.

PANORAMA DE LA SALVACIÓN

¿Qué significa la palabra salvación?

La palabra "salvación" viene de la palabra hebrea **Yash** y la palabra griega **Sotería**. La palabra **Yash** significa "tener mucho espacio" o "ser prospero o libre".[29]

En el Antiguo Testamento Dios en su soberanía (Isaías 43:11); salvó a los judíos de los egipcios (Salmos 106:7-10); salvó a los judíos de los babilonios (Jeremías 30:10): y salvó a los judíos de sus angustias (Jeremías 14:8). Además, fueron salvados del temor (Salmos 107:13-14); de la batalla (Deuteronomio 20:4); del malvado (Salmos 59:2); de la enfermedad (Isaías 38:21) y del pecado (Ezequiel 36:29).

En el Nuevo Testamento, el vocablo sotér = salvador ocurre 24 veces, sotería = salvación 45 veces y sotérios = salvación 5 veces; siempre con la idea de expresar la provisión de Dios para remediar la condición del ser humano perdido por el pecado.[30] Algunos ejemplos de las formas en que se usa lo podemos ver en los siguientes libros. La salvación es física y espiritual, se ve esto en Mateo 9:21

y Lucas 8:36, que hablan de la salvación de enfermedades físicas; Mateo 18:11, de estar perdido; Mateo 1:21, de la esclavitud del pecado; y 1 Pedro 2:24, que habla de ser salvo, de la ira de Dios.

Secuencia de caída y salvación

Primero. El hombre es una creación de Dios. Colosenses 1:16

Segundo. Dios hizo una cláusula con Adán y Eva sobre las consecuencias de obedecer y desobedecer. Las consecuencias del desobedecer eran sufrir la muerte física y espiritual (Romanos 6:23). También, ser esclavos de Satanás y del pecado (Juan 8:34). Satanás sería la influencia de los humanos (Juan 8:44). Además, el universo estaría en decadencia (Romanos 8:19-23).

Tercero. Adán desobedeció voluntariamente (Génesis 3:1-19). Su pecado, y muerte espiritual ha pasado a cada ser humano (Romanos 3:23), menos a Jesús (Hebreos 4:15). Todos hemos nacido con simiente pecaminosa, nos es más fácil hacer lo malo (Salmos 51:5).

Cuarto. El resultado es que el hombre está completamente corrompido (Romanos 7:18). No acepta las cosas de Dios (1 Corintios 2:14). El hombre peca continuamente desde la caída de Adán (Gálatas 5:19-21). Él muere físicamente, emocional y espiritualmente (Efesios 4:17-19); y sufre la ansiedad, la frustración, ya que, para él todo puede ser absurdo, y nada le llena sus vacíos. Dios al ser santo y justo, manifiesta su ira hacia las personas que se mantienen en rebelión (Romanos 1:18).

Quinto. Dios es perfecto (Mateo 5:48) **y santo** (1 Samuel 6:20). No puede pecar, ni aceptar el pecado en los seres humanos (Deuteronomio 32:4).

Sexto. Dios es justo. Él debe castigar el pecado de la humanidad. El castigo por el pecado es la muerte, condenación eterna (Romanos 6:23).

Séptimo. Dios es amor. Para no castigar al ser humano, Él establece una forma llamada "la ley del sustituto". Es decir, alguien toma el lugar del pecador. En el Antiguo Testamento, el cordero sin mancha fue usado como el animal principal, en los sacrificios por el pecado (Éxodo 12). Este inicio, era la sombra de lo que Jesús hizo por nosotros, en la cruz del calvario. El mismo fue llamado *"el Cordero de Dios que quita el pecado del mundo"* (Juan 1:29). Él pagó por nuestros pecados con su sangre (1 Pedro 2:24). El precio tendría que ser sangre perfecta, santa, y justa. Por lo tanto, sólo la sangre de Jesús; nacido como hombre, satisfaría este requisito. (Gálatas 3:13)

Octavo. Aceptamos su sacrificio, le pedimos perdón, lo reconocemos como nuestro único y suficiente salvador; produciendo en nosotros el nuevo nacimiento por el Espíritu Santo. Su palabra lo confirma: *"Pero nuestro Sumo Sacerdote se ofreció a sí mismo a Dios como un solo sacrificio por los pecados, válido para siempre. Luego se sentó en el lugar de honor, a la derecha de Dios"*. Hebreos 10:12

Noveno. Su presencia está con nosotros todos los días hasta el fin del mundo. Mateo 28: 20

¿QUÉ GANAMOS CON LA SALVACIÓN?

Las palabras que se usan para explicar la salvación

Expiación o Sacrificio: Es el pago por las faltas que hemos hecho. Se encuentra esta palabra en Hebreos 5:1. Jesús es nuestro sacrificio de la expiación, (Efesios 5:2).

Propiciación: Es ser favorable, bueno, hacer un bien por alguien. Así que, Jesús fue favorable a nosotros, satisfaciendo de la ira justa de Dios (1 Juan 4:10).[31]

Rescate: Éramos esclavos del pecado y Cristo nos libró pagando la deuda con su sangre, (Romanos 6:17-19).

Reconciliación: Esta palabra quiere decir, que el problema que existía antes con Dios; ahora está resuelto por la muerte de Jesús, (2 Corintios 5:18).

Justificación: Significa que estamos "justificados" o declarados "justos o no culpables", como si nunca hubiéramos pecado, (Romanos 5:9). Existe la paz de Dios con nosotros por medio de la sangre de Jesús, (Romanos 5:1).

Santificación: Existen tres tipos. **Santificación inicial o posicional.** Es dada por el sacrificio de Jesús. Al creer en Él, somos apartados (1 Corintios 6:11; Hebreos 10:10) **Santificación diaria** (Romanos 5:2 y 15:16). Es el proceso de llegar a ser más como Cristo a través del ministerio del Espíritu Santo, (Juan 14:15-17). **Santificación final o al morir**, se realizará solamente cuando tengamos cuerpos glorificados y estemos en la presencia de Cristo por siempre, (1 Juan 3:1-3; Efesios 5:26-27; Judas 24, 25).[32]

Adopción: Estamos adoptados como hijos de Dios. Juan 1:12

Encontramos más beneficios en su sacrificio, como libertad, autoridad, identidad, sanidad, prosperidad, paz, vida abundante, etc. (Isaías 53)

PASOS PARA LA SALVACIÓN

1. **Dios es** nuestro creador, nos ama, y rechaza el pecado. Juan 3:16

2. **El ser humano** fue creado por Dios y para Dios. Está en rebelión, y sin salvación. Romanos 3:23

3. **Jesucristo** es Dios hecho hombre. Murió por nosotros para ser perdonados y reconciliados con el padre. Resucitó para estar con nosotros y darnos nueva vida. Hechos 10:39-41

4. **Nuestra respuesta**. Debemos creer, y arrepentirnos, reconociendo a Cristo como el único Salvador, y al Espíritu Santo como nuestro ayudador. Hechos 10:43-44

Conclusión

El pecado es algo que destruye al ser humano y trae muerte eterna. Jesús murió en la cruz para que esto no fuera así. El regala su salvación a todo aquel que cree en Él, y por el poder del Espíritu Santo, podemos ser regenerados cada día.

Reflexión

No hacemos obras para ser salvos, hacemos buenas obras como fruto de que ya somos salvos.

Dios los salvó por su gracia cuando creyeron. Ustedes no tienen ningún mérito en eso; es un regalo de Dios. Efesios 2:8

Acción

¡Demos a conocer esta buena noticia!

- Ora por un mes, por tres personas interesadas en el evangelio

- Fortalece los puentes de amistad
- Comparte estas buenas noticias de esperanza
- Dale seguimiento por un año a una persona

ACTIVIDAD DE APRENDIZAJE 6
"Conociendo la Salvación"

Nombre: _____

Conteste las siguientes preguntas

1. Defina con sus propias palabras ¿Qué es el pecado?
_____

_____

_____

2. ¿Qué es Salvación?
_____

_____

_____

Subraye la respuesta correcta

3. El hombre en su estado original fue creado...
a. Conociendo el bien y el mal   b. Con pecado   c. Sin pecado

4. El hombre nace...
a. Conociendo el bien y el mal   b. Con pecado   c. Sin pecado

5. La palabra muerte en la Escritura significa:
   a. Separación   b. Destrucción total   c. Aniquilación

6. Es llegar a ser cada vez más como Cristo por el Espíritu Santo
   a. Propiciación   b. Redención   c. Santificación

7. El hombre es declarado justo delante de Dios
   a. Redención   b. Justificación   c. Reconciliación

8. El pago por las faltas que hemos hecho
   a. Sacrificio   b. Justificación   c. Santificación

9. Cristo nos libró pagando nuestra deuda
   a. Sacrificio   b. Rescate   c. Reconciliación

10. No dio el privilegio de ser llamados sus hijos
    a. Sacrificio   b. Adopción   c. Amor

ANOTACIONES

CONOCIENDO LA SALVACIÓN

1	EL PECADO

4	PASOS PARA LA SALVACION

2	PANORAMA DE LA SALVACIÓN

5	CONCLUSIONES DEL TEMA

3	¿QUÉ GANAMOS CON LA SALVACIÓN?

6	

NOMBRE

FECHA

CLASE

MAESTRO

CONOCIENDO EL DISCIPULADO

Lección 7
CONOCIENDO EL DISCIPULADO

Introducción

A partir de donde estás, cualquier profesión u oficio al que te dediques, (siempre y cuando tu trabajo no se contraponga con los principios bíblicos), el plan de Jesús es que seas su seguidor. Él quiere que las siete esferas de la sociedad conozcan su propósito. Estas son: Gobierno, educación, religión, familia, finanzas, medios de comunicación, arte y entretenimiento. Seas empleado, empresario, político, deportista, artista, profesor, ministro, etc.; el discipulado es el método elegido del Señor Jesús para formar seguidores sólidos, de influencia y exitosos. Durante su ministerio, Jesús pasó más de tres años haciendo discípulos, les habló a las multitudes, pero siempre llamaba a sus discípulos aparte, para enseñarles con más profundidad su sabiduría. Mateo 16:21, Juan 12:23-36, 14:2-4, Juan 14:16-17

Texto clave

Jesús se acercó y dijo a sus discípulos: «Se me ha dado toda autoridad en el cielo y en la tierra. Por lo tanto, vayan y hagan discípulos de todas las naciones, bautizándolos en el nombre del Padre y del Hijo y del Espíritu Santo. Enseñen a los nuevos discípulos a obedecer todos los mandatos que les he dado. Y tengan por seguro esto: que estoy con ustedes siempre, hasta el fin de los tiempos».
Mateo 28:18 – 20

Propósito

Conocer qué es un discípulo, cuál es su proceso, su costo, sus virtudes, su identidad, sus funciones y su recompensa.

Temas

- Introducción al Discipulado
- Características del Discípulo
- El precio del Discipulado
- Recompensas del Discípulo

Cuando nuestra actitud es la de un discípulo, nunca nos faltará la guía del Maestro.

INTRODUCCIÓN AL DISCIPULADO

Respuestas

¿Qué quiere decir discípulo? «Es un seguidor, aprendiz, alumno de un maestro».[33] En nuestro contexto es ser un seguidor de Jesús. Así que ser discípulo de Jesús es mucho más que un programa. Es seguir a Jesús cada día, estableciéndole como el centro y prioridad de nuestra vida.

¿Qué es discipulado? Es el proceso de formación espiritual que vivimos cada día, con la finalidad de llevarnos a la madurez que refleje el carácter de Cristo.

¿Cómo nos vamos forjando en ser discípulos? Lectura de la Biblia, oración, conexión con el Espíritu Santo, aprender a confiar en Jesús, tener mentoreo, ejercer liderazgo, no rendirnos ante los retos, aplicar sus principios en nuestro diario vivir. Hablar a otros de nuestra fe, desarrollar el arte del servicio, ejercer un ministerio, participar en las reuniones de la iglesia y cursos de crecimiento.

¿Por qué debemos ser discípulos? Es la única forma de crecer en el carácter de Jesús. El discipulado preserva lo que vamos conquistando, nos capacita para enfrentar los retos y vivir la vida con éxito en todos los ámbitos. Al ser discípulos, tendremos la capacidad de hacer discípulos que a su vez hagan lo mismo.

Los maestros de Israel y los discípulos

La relación maestro-discípulo en Israel era muy diferente a lo que vivimos hoy. "No se trataba de profesores que repetían lecciones aprendidas o trasmitieran el fruto de sus investigaciones, no contaban con una academia o un instituto, sino que su propio estilo de vida era lo que enseñaban. Su autoridad no se basaba en títulos o estudios, sino en la vida que llevaban".[34] Jesús como Maestro, se rodea de seguidores para enseñarles a vivir de la misma manera que Él lo hace. Maestro, es uno de los títulos que Jesús se atribuye a sí mismo. *Ustedes me llaman "Maestro" y "Señor" y tienen razón, porque es lo que soy.* Juan 13:13

El privilegio y la diferencia de ser un discípulo de Jesús[35]

- El discipulado de los maestros de Israel era tomado como una etapa temporal. Los discípulos de Jesús lo siguen por toda la vida y se les anima a no retroceder (Lucas 9:62).

- Los discípulos entraban al servicio del maestro casi de la misma forma que un esclavo servía a su amo. Jesús, por su parte, da ejemplo de servicio, y nos privilegia, al llamarnos amigos. Juan 15:15

- Los niños y las mujeres no eran considerados aptos para el discipulado, en cambio, Jesús pide que los niños se acerquen a Él (Marcos 10:14) y un grupo de mujeres lo siguen para aprender de Él (Lucas 8:3).

- Los seguidores de un ilustre maestro gozaban de fama y autoridad ante el pueblo. Quien había sido instruido a los pies de Gamaliel, lo tenía como un orgullo y así lo señalaba en su currículum vitae (Hechos 22:3). Jesús ofrece grandes retos, grandes recompensas y una eternidad con Él.

- El discípulo normalmente escogía al maestro que él quería, pero Jesús escoge a sus seguidores.

CARACTERÍSTICAS DEL DISCÍPULO

El discípulo tiene una vocación. *"Después subió al monte, y llamó a sí a los que él quiso; y vinieron a él. Y estableció a doce, para que estuviesen con él..."*. (Marcos 3:14a). Para vivir como el Maestro y ser como Él, se debe estar con Él. El apóstol Pablo escribió: *"Fiel es Dios, por el cual fuisteis llamados a la comunión con su Hijo Jesucristo, nuestro Señor"*, (1 Corintios 1:9). Aquí se encuentra una verdad que puede mantener nuestros corazones en reposo, aun cuando todas las cosas a nuestro alrededor son agitadas. Dios puede guardarnos de la angustia ¡Estando en comunión con Él!

David, el rey más sobresaliente que Israel ha tenido. Su deleite y lo que le daba sentido a su vida, era Dios, él dijo: *Lo único que le pido al Señor —lo que más anhelo— es vivir en la casa del Señor todos los días de mi vida, deleitándome en la perfección del Señor y meditando dentro de su templo* (Salmo 27:4). Como Rey, él ya había experimentado posiciones, riquezas, poder, fama, pero ninguna de estas cosas, ni todas estas en su totalidad, le daban la satisfacción que encontraba en su conexión con Dios.

Un discípulo mantiene su amistad con Dios. La amistad con Dios está basada en una relación; mejoramos la amistad, mejorando nuestra comunión. La relación se fortalece a través de la oración y esta no es una obligación, es un privilegio. *Pedid y se os dará; buscad y hallareis; llamad y se os abrirá"*, (Mateo 7:7).

Su Palabra nos enseña como orar. Oremos al Padre en el nombre de Jesucristo, (Juan 14:13-14). No con vanas repeticiones, sino de manera natural y genuina, (Mateo 6:7). En público, (Hechos 1:14). En secreto, (Mateo 6:6). La posición física en la oración cada uno lo decide, de igual forma el tiempo que durará (Efesios 3:14). Oramos, porque nos gusta platicar con las personas que amamos, (Salmo 145:18). Al orar atraemos su presencia, (Jeremías 33:3). Nos despojamos de todas nuestras cargas, (1 de Juan 5:14). Nuestra debilidad se convierta en fortaleza, (Salmo 55:22). *Les digo, ustedes pueden orar por cualquier cosa y si creen que la han recibido, será suya.* Marcos 11:24

El discípulo tiene una misión. *"… y para enviarlos a predicar, y que tuviesen autoridad para sanar enfermedades y para echar fuera demonios"*, (Marcos 3: 14b-15). Un discípulo predica el evangelio. La Biblia insiste en la necesidad de hablar de nuestra fe. A un hombre de quien había sacado muchos demonios, Cristo le dijo: *"Vete a tu casa, a los tuyos, y cuéntales cuan grandes cosas el Señor ha hecho contigo, y cómo ha tenido misericordia de ti"*, (Marcos 5:19). Pablo dijo: *Porque no me avergüenzo del evangelio, pues es el poder de Dios para la salvación de todo el que cree; del judío primeramente y también del griego,* (Romanos 1:16). Jesús pidió que hiciéramos esta oración, Él les dijo: *Son muchos los que necesitan entrar en el reino de Dios, pero son muy pocos los que hay para anunciar las buenas noticias. Por eso, pídanle a Dios que envíe más seguidores míos, para que compartan las buenas noticias con toda la gente,* (Lucas 10:2 TLA).

Un discípulo ora por enfermos. *"Y que tuviesen autoridad para sanar enfermedades"* Cuando alguien te diga estoy enfermo o mi familiar está delicado de salud, ofrécete para hacer una oración de fe y deja el resultado a Dios, (Santiago 5:14-15).

Un discípulo echa fuera demonios. *"Y que tuviesen autoridad para echar fuera demonios"*, (Marcos 16:17). No existe una fórmula única, cada caso será diferente. Pero, para cada caso los principios son los siguientes: Conexión con Dios en la cual hemos desarrollado unción, dirección del Espíritu Santo y autoridad en el nombre de Jesucristo.

El discípulo desarrolla Fe. *Ahora bien, tener fe es estar seguro de lo que se espera; es estar convencido de lo que no se ve. Gracias a ella, nuestros antepasados fueron reconocidos y aprobados. Por la fe entendemos que Dios creó el universo por medio de su palabra, de modo que lo que ahora vemos fue hecho de lo que no se veía. De hecho, sin fe es imposible agradar a Dios. Todo* *el que desee acercarse a Dios debe creer que él existe y que él recompensa a los que lo buscan con sinceridad.* Hebreos 11:1-3,6

La Biblia nos recuerda que "el justo vive por la fe (Hebreos 10:38) y la fe viene por el oír la palabra de Dios (Romanos 10:17)". Dependiendo lo que escuchemos, así será nuestra calidad de fe y de nuestra calidad de fe dependerá nuestra calidad de vida. Igualmente, la incredulidad limita la manifestación del poder de Dios. *Y no pudo hacer allí ningún milagro, salvo que sanó a unos pocos enfermos, poniendo sobre ellos las manos. Y estaba asombrado de la incredulidad de ellos. Y recorría las aldeas de alrededor, enseñando,* (Marcos 6:5). Vemos en este versículo que la solución para la incredulidad es la enseñanza.

El discípulo entiende el principio de autoridad. Dios gobierna el mundo a través de su poder, y Él ha delegado autoridad a la humanidad. *Toda persona debe someterse a las autoridades de gobierno, pues toda autoridad proviene de Dios, y los que ocupan puestos de autoridad están allí colocados por Dios,* (Romanos 13:1). Todos, sin excepción, estamos en autoridad y bajo autoridad. Esta autoridad está en la familia, iglesia, gobierno, empresa, escuela, etc. *Por amor al Señor, sométanse a toda autoridad humana, ya sea al rey como jefe de Estado.* 1 Pedro 2:13-17 y 3:22, Tito 2:9-10, Colosenses 3:22-25, Hebreos 13:17, Efesios 6:1-9.

El discípulo practica el ayuno. Se trata de abstenerse de consumir alimentos por cierto tiempo, para propósitos espirituales específicos. En momentos de especial necesidad, el ayuno puede ayudarnos a enfocar toda nuestra energía en un tiempo más profundo con Dios, para entender su voluntad y fortalecer nuestra fe.

Existe el Ayuno total (Ester 4:16). Ayuno con agua o natural, Lucas 4:1-2. Ayuno parcial, (Daniel 10:2-3). Otros tipos de ayuno. Por ejemplo, Daniel dejó de usar perfume (Daniel 10:2-3). En Isaías 58:3-7 menciona el ayuno de abstenerse de pecar contra Dios, ayudar en la libertad de las personas y compartir los alimentos con los necesitados. También en la actualidad puede ser de redes sociales o la televisión, con el propósito de enfocarnos en un tiempo especial con Dios. También encontramos en su palabra, ayunos públicos (Esdras 8:21-23) y ayunos privados (Mateo 6:18).

Debe mantenerse la motivación correcta en todo tiempo; se recomienda que, en ayunos de varios días, primero se pida asesoría a un experto en lo espiritual y en la salud.

El discípulo y la imposición de manos. La imposición de manos es "poner sobre" con el objetivo de añadir algo; ya sea sanidad, bendición, delegación, empoderamiento, envío, consagración, etc. En otras palabras, es permitirle al Señor usar nuestras manos como un medio de contacto para bendición, y Él en su soberanía decide la impartición. Ejemplos: Jacob impuso sus manos para bendecir a sus hijos, (Génesis 48:14). Los sacerdotes extendían sus manos para bendecir al pueblo, (Números 6:22-27). Moisés impuso las manos para delegar autoridad, (Números 27:23). También se usó para enviar a Pablo y Bernabé al ministerio, (Hechos 13:2-3). Pablo, al imponer sus manos el Espíritu Santo impartió dones (1Timoteo 4:14, 2 Timoteo 1:6-7). En el caso de la ordenación de ministerios, Pablo recomienda no poner las manos con ligereza (1 Timoteo 5:22). Jesús mandó imponer las manos para sanar enfermos, (Marcos 16:17-18). Jesús impuso sus manos para bendecir a los niños, (Mateo 19: 13-15). Los creyentes recibieron el Espíritu Santo cuando Pedro y Juan les impusieron las manos. Hechos 8:17

Existen más temas que un discípulo de Jesús debe desarrollar como son: familia, finanzas, ministerio, sanidad del alma, sanidad sexual, sanidad en el matrimonio y muchos temas más. (Estos temas los trataremos con más profundidad en el manual 2)

EL PRECIO DEL DISCIPULADO

Jesús no busca una multitud sin compromiso

Una gran cantidad de gente caminaba con Jesús. De pronto, él se volvió y les dijo: "Si alguno de ustedes quiere ser mi discípulo, tendrá que amarme más que a su padre o a su madre, más que a su esposa o a sus hijos, y más que a sus hermanos o a sus hermanas. Ustedes no pueden seguirme, a menos que me amen más que a su propia vida. Si ustedes no están dispuestos a morir en una cruz, y a hacer lo que yo les diga, no pueden ser mis discípulos». Si alguno de ustedes quiere construir una torre, ¿qué es lo primero que hace? Pues se sienta a pensar cuánto va a costarle, para ver si tiene suficiente dinero. Porque si empieza a construir la torre y después no tiene dinero para terminarla, la gente se burlará de él. Todo el mundo le dirá: "¡Qué tonto eres! Empezaste a construir la torre, y ahora no puedes terminarla. Lucas 14: 25-33 (TLA)

Jesús estaba en camino hacia Jerusalén, y mucha gente lo acompañaba. Estas personas que seguían a Jesús seguramente tenían varias razones para hacerlo. Algunas, tal vez, lo hacían porque querían que Jesús les alimentara, (Lucas 9:10-17). A otros les parecía interesante lo que Jesús enseñaba y por eso lo seguían, (Mateo 7:28). Otros, querían ser sanados por Jesús o ser libres de algún demonio, (Lucas 8:26-56). Posiblemente, otros lo seguían porque consideraban que Cristo representaba sus esperanzas de ser liberados del yugo romano, (Juan 6:15). Estas y muchas otras razones motivaron a la multitud a seguir a Jesús. Por eso, Cristo se dirigió a la muchedumbre y les aclaró cuáles eran las verdaderas características o condiciones para todo el que quisiera ser su discípulo.

Condiciones para ser discípulo de Jesús

1. **Para un discípulo, Jesucristo es el primero antes que cualquier persona.** El amor a Cristo ha de ser tan grande

que el afecto a cualquier otra persona (padre, madre, hermanos, amigos) no debe impedir el seguirle.

2. **Para un discípulo, Jesús es el único Señor.** Nos pide amarle más que a nosotros mismos. *Mi antiguo yo ha sido crucificado con Cristo. Ya no vivo yo, sino que Cristo vive en mí. Así que vivo en este cuerpo terrenal confiando en el Hijo de Dios, quien me amó y se entregó a sí mismo por mí.* Gálatas 2:20

3. **Un discípulo debe estar dispuesto a sufrir.** En la vida pasamos por diferentes retos como son: Traición, abandono, enfermedades, persecución, tiempos de crisis, etc. *En su bondad, Dios los llamó a ustedes a que participen de su gloria eterna por medio de Cristo Jesús. Entonces, después de que hayan sufrido un poco de tiempo, él los restaurará, los sostendrá, los fortalecerá y los afirmará sobre un fundamento sólido.* 1 Pedro 5:10

4. **Es necesario calcular el costo antes de tomar la decisión de seguir a Cristo.** Si una persona asume ligeramente el compromiso de seguir a Jesús, sin considerar sus implicaciones, no será nada extraño si abandona la "vida cristiana". Toda persona que quiera ser un discípulo de Jesús debe estar consciente de los desafíos de esta decisión y estar dispuesto a pagar el precio.

La salvación no cuesta nada, pero ser discípulo cuesta todo. La salvación ocurre en un momento; ser discípulo dura toda la vida. La salvación es algo que Dios hace por nosotros; ser discípulo es algo que hacemos con Dios. La decisión de seguir a Cristo es el primer paso, el reto y la plenitud se encuentra en el ser discípulos. Hay quienes no viven el ser discípulos y cuando enfrentan tiempos difíciles y la vida no parece estar funcionando, se desilusionan de Jesús en vez de vivir con fidelidad a Él.

RECOMPENSAS DEL DISCÍPULO

Su Palabra nos enseña de diferentes recompensas

¡Miren que vengo pronto! Traigo conmigo mi recompensa, y le pagaré a cada uno según lo que haya hecho. Yo soy el Alfa y la Omega, el Primero y el Último, el Principio y el Fin. Apocalipsis 22:12

— ¡Nosotros lo hemos dejado todo por seguirte! —le contestó Pedro—. ¿Qué habrá, entonces, para nosotros? —Les aseguro que, en la renovación de todas las cosas, cuando el Hijo del Hombre se siente en su trono glorioso, ustedes que me han seguido se sentarán también en doce tronos para juzgar a las doce tribus de Israel —les dijo Jesús—. Y todo el que por mi causa haya dejado casas, hermanos, hermanas, padre, madre, hijos o terrenos, recibirá cien veces más y heredará la vida eterna. Mateo 19:27-29

Dichosos ustedes cuando por mi causa la gente los insulte, los persiga y diga toda clase de calumnias contra ustedes. Alégrense y estén contentos, porque es grande su recompensa en el cielo. Mateo 5:11-12

Cualquiera que le dé siquiera un vaso de agua fresca a uno de estos pequeños por tratarse de un discípulo mío, les aseguro que no perderá su recompensa. Mateo 10:42

… amen a sus enemigos, háganles bien y denles prestado sin esperar nada a cambio. Así será grande su recompensa, … Lucas 6:35

Y puesto que somos sus hijos, también tendremos parte en la herencia que Dios nos ha prometido, la cual compartiremos con Cristo, puesto que sufrimos con él para estar también con él en su gloria. Considero que los sufrimientos del tiempo presente no son nada si los comparamos con la gloria que habremos de ver después. Romanos 8:17-18

Esclavos, obedezcan a sus amos terrenales con respeto y temor, y con integridad de corazón, como a Cristo. No lo hagan sólo cuando los estén mirando, como los que quieren ganarse el favor humano, sino como esclavos de Cristo, haciendo de todo corazón la voluntad de Dios. Sirvan de buena gana, como quien sirve al Señor y no a los hombres, sabiendo que el Señor recompensará a cada uno por el bien que haya hecho, sea esclavo o sea libre. Efesios 6:5-8

A los ricos de este mundo, mándales que no sean arrogantes ni pongan su esperanza en las riquezas, que son tan inseguras, sino en Dios, que nos provee de todo en abundancia para que lo disfrutemos. Mándales que hagan el bien, que sean ricos en buenas obras, y generosos, dispuestos a compartir lo que tienen. De este modo atesorarán para sí un seguro caudal para el futuro y obtendrán la vida verdadera. 1 Timoteo 6:17-19

Dichoso el que soporta la prueba porque, una vez que la haya superado, recibirá la corona de la vida que Dios ha prometido a quienes lo aman. Santiago 1:12

No tengas miedo de lo que estás a punto de sufrir. Te digo que el diablo meterá en la cárcel a algunos de ustedes para ponerlos a prueba, y sufrirán persecución durante diez días. Sé fiel hasta la muerte, y yo te daré la corona de la vida. Apocalipsis 2:10

Así que, hermanos míos amados, estad firmes y constantes, creciendo en la obra del Señor siempre, sabiendo que vuestro trabajo en el Señor no es en vano. 1 Corintios 15:58

Por lo demás, me está guardada la corona de justicia, la cual me dará el Señor, juez justo, en aquel día; y no sólo a mí, sino también a todos los que aman su venida. 2 Timoteo 4:8

Conclusión

Ser discípulo de Jesús es seguirle, viviendo sus enseñanzas en este mundo moderno. Seguir a Jesús, siempre será nuestra mejor elección y el precio que paguemos no será nada comparado con las recompensas que vamos a recibir.

Reflexión

Al ser discípulos de Jesús aprendemos a amarle con nuestro ser y a relacionarnos con la familia. Ser diligentes en lo laboral, usar la prosperidad para bien y disfrutar la vida bajo sus principios.

Acción

Anota tres decisiones que llevarás acabo de lo que aprendiste

_____

_____

_____

ACTIVIDAD DE APRENDIZAJE 7
"Conociendo el Discipulado"

Nombre: _____

Conteste lo siguiente

1. Explica lo que para ti significa "ser Discípulo"

_____

_____

_____

2. ¿Por qué debemos ser y hacer discípulos?

_____

_____

_____

3. Mencione dos condiciones para ser discípulos de Jesús

_____   _____

4. La vocación del discípulo es _____

Conteste Falso o Verdadero

5. Los discípulos tenían el derecho a escoger a su maestro ....
.... F o V

6. Los niños y las mujeres no eran considerados aptos para el discipulado.. F o V

7. Jesús tomó a sus discípulos como amigos y no como esclavos .... F o V

8. La misión del discípulo es atender en todo a su maestro.. F o V

9. La relación maestro- discípulo era a un nivel académico ....
.... F o V

Aplicación para mi vida

10. Si Jesús es tu maestro. ¿Qué tanto estas dispuesto a sacrificar por Él? ¿Cuáles serían algunas cosas que me impiden en este momento poner en práctica mi discipulado?

_____

_____

_____

_____

_____

ANOTACIONES

CONOCIENDO EL DISCIPULADO

1 INTRODUCCIÓN AL DISCIPULADO	**4** RECOMPENSAS DEL DISCÍPULO

2 CARACTERÍSTICAS DEL DISCÍPULO	**5** ANOTA ALGUNAS PERSONAS POR LAS CUALES ORAR

3 EL PRECIO DEL DISCIPULADO	**6** CONCLUSIONES DEL TEMA

NOMBRE

CLASE

FECHA

MAESTRO

CONOCIENDO A LA IGLESIA

Lección 8

CONOCIENDO

LA IGLESIA

Introducción

La Iglesia es un organismo que ha sido fundado por Dios mismo. Así como, instituyó la familia consanguínea, Él está llamando a todo el mundo para que formemos parte de su familia espiritual, (Efesios 1:4, 5).

Texto Clave

Hagan todo lo posible por mantenerse unidos en el Espíritu y enlazados mediante la paz. Pues hay un solo cuerpo y un solo Espíritu, tal como ustedes fueron llamados a una misma esperanza gloriosa para el futuro. Hay un solo Señor, una sola fe, un solo bautismo, un solo Dios y Padre de todos, quien está sobre todos, en todos y vive por medio de todos. **Efesios 4:3-6**

Propósito

Conocer qué es la iglesia, su gobierno, su propósito, su administración y sus ordenanzas. (Es importante que conozcas las formas en que tu iglesia se desarrolla con respecto a la organización, las ordenanzas y te identifiques con ella).

Temas

- Origen y propósito de la iglesia
- La organización de la iglesia
- La disciplina de la iglesia
- Ordenanzas dadas a la Iglesia
- La iglesia debe continuar

Una iglesia con salud es la expresión física de Jesús en cada comunidad.

ORIGEN Y PROPÓSITO
DE LA IGLESIA

Su origen

La palabra iglesia en griego es *ekklesia*.[36] Su significado es llamar un grupo de personas «fuera de». Deducimos que somos un grupo de personas, llamadas fuera de un sistema de pecado para un propósito específico. «*...Por eso pueden mostrar a otros la bondad de Dios, pues él los ha llamado a salir de la oscuridad y entrar en su luz maravillosa*». 1 Pedro 2:9b

La palabra *ekklesia* era aplicada para las asambleas que hacían en esos tiempos con intereses políticos, donde era necesario que estuviera un representante del César para informar, sancionar y establecer. Así que, la asamblea que realizamos como iglesia no podría realizarse si el Señor no estuviera presente. El Señor Jesús dijo: «*Pues donde se reúnen dos o tres en mi nombre, yo estoy allí entre ellos*». Mateo 18:20

Jesús es el Señor de la Iglesia, dice en Efesios 1:23 (TLA) "*Dios puso todas las cosas bajo el poder de Cristo, y lo nombró jefe de la iglesia. Cristo es, para la iglesia, lo que la cabeza es para el cuerpo. Con Cristo, que todo lo llena, la iglesia queda completa*".

La Iglesia local. Está formada por las personas que tienen un nuevo nacimiento en Cristo; tienen un pastor y la reconocen como su familia espiritual, asumiendo derechos y responsabilidades dentro de ella. *Las iglesias de Asia os saludan. Aquila y Priscila, con la iglesia que está en su casa, os saludan mucho en el Señor.* 1 Corintios 16:19

La Iglesia en todo el mundo. Son todas las personas creyentes que tienen a Cristo en su corazón como su único Salvador y Señor.

Cristo también es la cabeza de la iglesia, la cual es su cuerpo. Él es el principio, supremo sobre todos los que se levantan de los muertos. Así que él es el primero en todo. Colosenses 1:18

Misión de la iglesia. *Jesús se acercó y dijo a sus discípulos: «Se me ha dado toda autoridad en el cielo y en la tierra. Por lo tanto, vayan y hagan discípulos de todas las naciones, bautizándolos en el nombre del Padre y del Hijo y del Espíritu Santo. Enseñen a los nuevos discípulos a obedecer todos los mandatos que les he dado. Y tengan por seguro esto: que estoy con ustedes siempre, hasta el fin de los tiempos.* Mateo 28:18-20

Cabe mencionar que la iglesia no es una estructura física o material. La palabra iglesia nunca fue usada para referirse a un edificio o estructura física, porque no había edificios. A los edificios es más común llamarles templos o lugares de reunión.

Su propósito

La iglesia existe para adorar. *Ama al Señor tu Dios con todo tu corazón, con toda tu alma, con toda tu mente y con todas tus fuerzas* (Marcos 12:30). La adoración es un estilo de vida que permanece para siempre, en todo lugar y en todo lo que hacemos, en público y en privado. El cantar a Dios es solo una fracción de lo que abarca la adoración.

La iglesia existe para evangelizar. Entonces les dijo: *"Vayan por todo el mundo y prediquen la Buena Noticia a todos."*, (Marcos 16:15). *¿Cómo, pues, invocarán a aquel en el cual no han creído? ¿Y cómo creerán en aquel de quien no han oído? ¿Y cómo oirán sin haber quien les predique?* (Romanos 10:14) Sabías que la mayoría de las personas que aceptan el evangelio, es porque las ha invitado un familiar o un conocido. Dios no se ha rendido con nosotros, tú no te rindas con las personas que estás alcanzando para encontrarse con Dios.

La iglesia existe para tener comunión. *«Te pido que todos sean uno, así como tú y yo somos uno, es decir, como tú estás en mí, Padre, y yo estoy en ti. Y que ellos estén en nosotros, para que el mundo crea que tú me enviaste»,* (Juan 17:21). La iglesia debe integrar a cada persona que se convierte a Jesús y así, formar una familia. *«Así que ahora ustedes, los gentiles, ya no son unos desconocidos ni extranjeros. Son ciudadanos junto con todo el pueblo santo de Dios. Son miembros de la familia de Dios».* Efesios 2:19

La iglesia existe para hacer discípulos. *Jesús se acercó y dijo a sus discípulos: «Se me ha dado toda autoridad en el cielo y en la tierra. Por lo tanto, vayan y hagan discípulos de todas las naciones, bautizándolos en el nombre del Padre y del Hijo y del Espíritu Santo. Enseñen a los nuevos discípulos a obedecer todos los mandatos que les he dado. Y tengan por seguro esto: que estoy con ustedes siempre, hasta el fin de los tiempos»,* (Mateo 28:18-20). El discipulado es dedicar tiempo en la formación espiritual del creyente, con la finalidad de llevarlo a una madurez que refleje el carácter de Cristo. No es solo tener miembros, asistentes dominicales o personas con la nominación de cristianas. Es necesario, ser y hacer seguidores de Jesús.

La iglesia existe para servir. El servicio es el trabajo que desarrollamos por los demás dentro y fuera de la iglesia y que comúnmente le llamamos «ministerio». En la Biblia aparece la palabra «diaconía» para hablar de aquellas personas que servían dentro de la comunidad de creyentes. Es necesario ayudar a cada miembro a tener su lugar en el cuerpo de Cristo. *Dios, de su gran variedad de dones espirituales, les ha dado un don a cada uno de ustedes. Úsenlos bien para servirse los unos a los otros.* 1 Pedro 4:10

La iglesia primitiva practicaba estos cinco propósitos (Hechos 2:42-47)[37]

Adoración: «…alabando a Dios»; «…y en las oraciones». (v. 42 y 47)

Evangelización: *«…añadía a la iglesia cada día, los que habían de ser salvos».* (v. 47)

Comunión: *«…En la comunión unos con otros».* *«…y partiendo el pan en las casas, comían juntos con alegría y sencillez de corazón».* (v. 42 y 46)

Discipulado: *«y perseveraban en la doctrina de los apóstoles».* (v. 42)

Servicio: *«…y lo repartían a todos, según la necesidad de cada uno».* (v. 45)

El equilibrio en estos cinco propósitos de la iglesia. No todo es prioridad, pero todo es muy importante. Por ejemplo: necesitamos un equilibrio en los miembros de nuestro cuerpo para que funcione; si alguna parte de nuestro cuerpo está dañada, tendremos problemas de salud. Otro ejemplo, sería nuestro auto; si alguna de las piezas que lo componen están averiadas, no podrá llevarnos a nuestro destino. En ninguno de los dos casos se cumpliría el propósito para el que fueron diseñados. Del mismo modo, en la iglesia, no debemos descuidar la adoración, el evangelismo, la comunión, el discipulado, y el servicio;[38] porque entonces habría un desequilibrio. No podemos desconectar un propósito del otro. Ejemplo: En 1 Juan 4:20 menciona: *Si alguien dice: "Yo amo a Dios" y odia a su hermano, es mentiroso.* Se mide nuestro amor a Dios por nuestro amor al prójimo, no lo podemos separar.

LA ORGANIZACIÓN EN LA IGLESIA

Dios establece su iglesia. Le da identidad, autoridad, la equipa con sus dones, establece la manera de su sostenimiento y le da un orden de gobierno.

El equipo de Jesús

Jesús organizó un grupo de doce y uno de setenta y dos. *«Tiempo después Jesús subió a un monte y llamó a los que quería que lo acompañaran. Todos ellos se acercaron a él. Luego nombró a doce de ellos y los llamó sus apóstoles. Ellos lo acompañarían, y él los enviaría a predicar y les daría autoridad para expulsar demonios,* (Marcos 3:13-15). *Después el Señor escogió a otros setenta y dos discípulos y los envió de dos en dos delante de él a todas las ciudades y los lugares que tenía pensado visitar»,* Lucas 10:1. **Tenía un equipo de avanzada.** *«Jesús mandó que Pedro y Juan se adelantaran y les dijo: —Vayan y preparen la cena de Pascua, para que podamos comerla juntos»,* Lucas 22:8. **Tenía un tesorero.** *«Como Judas era el tesorero del grupo, algunos pensaron que Jesús le estaba diciendo que fuera a pagar la comida o que diera algo de dinero a los pobres».* Juan 13:29

La iglesia primitiva

Tenía Apóstoles, profetas, evangelistas, pastores y maestros (Efesios 4:11). También había diáconos, (Hechos 6) y establecían ancianos en cada iglesia. *Pablo y Bernabé también nombraron ancianos en cada iglesia. Con oración y ayuno, encomendaron a los ancianos al cuidado del Señor, en quien habían puesto su confianza* (Hechos 14:23). Contaban con supervisores. *Por esta causa te dejé en Creta, para que corrigieses lo deficiente, y establecieses ancianos en cada ciudad, así como yo te mandé,* (Tito 1:5). Además, tenían juntas, concilios e infinidad de ministerios con funciones específicas.

Pablo establece orden a través de su carta a los Corintios. Lo vemos en las instrucciones a los líderes, así como en la disciplina aplicada a los que estaban practicando un pecado. También puso orden en la ofrenda, la cena del Señor, en los dones y las reuniones. 1 Corintios 1, 3, 5, 11, 12, 14 y 16

El pastor en la iglesia[39]

- El pastor es uno de los cinco ministerios. Efesios 4:11
- Dios establece el carácter ideal del pastor. 1 Timoteo 3:1-7
- Las funciones del pastor son apacentar, dirigir y enseñar. 1 Timoteo 3:1, 1 Pedro 5:1-4

Sustento de los pastores. Los ancianos que cumplen bien su función deberían ser respetados y bien remunerados, en particular los que trabajan con esmero tanto en la predicación como en la enseñanza. Pues la Escritura dice: *No le pongas bozal al buey para impedirle que coma mientras trilla el grano».* *Y dice también: ¡Los que trabajan merecen recibir su salario!* (1 Timoteo 5:17-18). ¿No sabéis que los que trabajan en las cosas sagradas, comen del templo, y que los que sirven al altar, del altar participan? Así también ordenó el Señor a los que anuncian el evangelio, que vivan del evangelio. 1 Corintios 9:13-14.

Reconocimiento. «Amados hermanos, honren a sus líderes en la obra del Señor. Ellos trabajan arduamente entre ustedes y les dan orientación espiritual. Ténganles mucho respeto y de todo corazón demuéstrenles amor por la obra que realizan. Y vivan en paz unos con otros». 1 Tesalonicenses 5:12-13

Respeto. *«No escuches ninguna acusación contra un anciano, a menos que haya dos o tres testigos que la confirmen».* 1 Timoteo 5:19

Obedeced a vuestros pastores, y sujetaos a ellos; porque ellos velan por vuestras almas, como quienes han de dar cuenta; para que lo hagan con alegría, y no quejándose, porque esto no os es provechoso». Hebreos 13:17

LA DISCIPLINA DE LA IGLESIA

El procedimiento de la disciplina eclesial

Principios de Gálatas 6:1 *Amados hermanos, si otro creyente está dominado por algún pecado, ustedes, que son espirituales, deberían ayudarlo a volver al camino recto con ternura y humildad. Y tengan mucho cuidado de no caer ustedes en la misma tentación.*

El problema: "Sorprendido en una falta"

El objetivo: "Restaurarle"

La actitud del líder: "Un espíritu de ternura y humildad"

Pasos prácticos para el que restaura

1. Orar.

2. Preguntar. Es importante escuchar y confirmar la verdad antes de corregir.

3. Amar. Demostrar amor y tener discreción en el proceso de restauración.

4. Si el hermano que se ha apartado se arrepiente, entra en el proceso de la restauración. La restauración es un proceso pastoral no un código penal con "castigos" estipulados según la ofensa. La restauración puede incluir todos o algunos de los siguientes elementos:

   • Consejería y seguimiento.

   • En algunos casos, el equipo pastoral tomará la decisión si es necesaria la suspensión de algún ministerio que este ejerciendo por un tiempo razonable, mientras se enfoca en su restauración.

- En el proceso de la restauración se deberá manifestar frutos de cambio, como el pedir perdón, restituir, y conciliar.

- Reintegración. *No obstante, ahora es tiempo de perdonarlo y consolarlo; de otro modo, podría ser vencido por el desaliento. Así que ahora les ruego que reafirmen su amor por él.* 2 Corintios 2:7-8

También encontramos proceso de corrección y restauración en Mateo 18:15

ORDENANZAS DADAS A LA IGLESIA

Bautismo en Agua

El bautismo es una declaración pública de fe. También, un testimonio de obediencia de lo que ha pasado internamente en la vida de la persona que ha aceptado a Jesucristo, como su Salvador y Señor.

El bautismo es ser sumergido en agua en el nombre de Jesucristo o en el nombre del Padre, del Hijo y del Espíritu Santo, para cumplir su ordenanza y recibir los beneficios que Él nos promete, (Mateo 28:19, Hechos 2:38).

Santa Cena

La Cena del Señor, a menudo llamada "Santa Cena" o "Comunión", es una conmemoración en la que los cristianos nos identificamos con la crucifixión del Señor Jesús (1 Corintios 10:16; 11:20). Es un tiempo, en el que los creyentes recuerdan el sacrificio del

Señor donde su sangre fue derramada por todas las personas, (Lucas 22:19-20). Jesucristo instituyó la Cena del Señor en la víspera de su muerte, cuando celebró la Pascua con sus discípulos, (Mateo 26:26-29). *Porque yo recibí del Señor lo que también os he enseñado: Que el Señor Jesús, la noche que fue entregado, tomó pan; y habiendo dado gracias, lo partió, y dijo: Tomad, comed; esto es mi cuerpo que por vosotros es partido; haced esto en memoria de mí. Asimismo, tomó también la copa, después de haber cenado, diciendo: Esta copa es el nuevo pacto en mi sangre; haced esto todas las veces que la bebiereis, en memoria de mí. Así, pues, todas las veces que comiereis este pan, y bebiereis esta copa, la muerte del Señor anunciáis hasta que él venga.* 1 Corintios 11:23-26

Generosidad

Las finanzas que damos, la Biblia nos enseña que nosotros se las traemos a Dios a través de la iglesia local a la que pertenecemos. Al darlo, rendimos adoración, mostramos gratitud; seremos prosperados y esto permite que el reino de Dios se siga extendiendo, (Números 18:21, 2 Corintios 8:18-24, Hechos 4:34:35). *Traigan todos los diezmos al depósito del templo, para que haya suficiente comida en mi casa. Si lo hacen—dice el Señor de los Ejércitos Celestiales—, les abriré las ventanas de los cielos. ¡Derramaré una bendición tan grande que no tendrán suficiente espacio para guardarla! ¡Inténtenlo! ¡Pónganme a prueba!* (Malaquías 3:10). Debemos darlo con amor, con gratitud y alegría, no por obligación o ley; ya que esto es voluntario, basado en la relación y compromiso que tenemos con Dios. *"Cada uno dé como propuso en su corazón, no con tristeza, ni por necesidad, porque Dios ama al dador alegre".* 2 Corintios 9:7

Reuniones

¡Qué maravilloso y agradable es cuando los hermanos conviven en armonía! Pues la armonía es tan preciosa como el aceite de la unción que se derramó sobre la cabeza de Aarón, que corrió por su barba hasta llegar al borde

de su túnica. La armonía es tan refrescante como el rocío del monte Hermón que cae sobre las montañas de Sion. Y allí el SEÑOR *ha pronunciado su bendición, incluso la vida eterna.* Salmos 133

Dios es nuestro pastor, pero Él asigna personas para que nos guíen. *Entonces Moisés le dijo al* SEÑOR: —*Oh* SEÑOR, *tú eres el Dios que da aliento a todas las criaturas. Por favor, nombra a un nuevo hombre como líder de la comunidad. Dales a alguien que los guíe dondequiera que vayan y que los conduzca en batalla, para que la comunidad del* SEÑOR no ande como ovejas sin pastor, (Números 27:15-17, 20). Necesitamos una familia que nos inspire. *Pensemos en maneras de motivarnos unos a otros a realizar actos de amor y buenas acciones. Y no dejemos de congregarnos, como lo hacen algunos, sino animémonos unos a otros, sobre todo ahora que el día de su regreso se acerca,* (Hebreos 10:24, 25). En las reuniones adoramos y estudiamos la Palabra. *Leerán este libro de instrucción a todo el pueblo de Israel cuando se reúna ante el Señor su Dios en el lugar que él elija. Convoquen a todos—a hombres, mujeres, niños y a los extranjeros que vivan en sus ciudades—para que oigan lo que dice el libro de instrucción y aprendan a temer al Señor su Dios y a obedecer cuidadosamente todas las condiciones de estas instrucciones.* Deuteronomio 31:11-12. 1 Crónicas 29:20

LA IGLESIA DEBE CONTINUAR

Dios tiene un alto concepto de la iglesia

Somos especiales. *Pero ustedes no son así porque son un pueblo elegido. Son sacerdotes del Rey, una nación santa, posesión exclusiva de Dios. Por eso pueden mostrar a otros la bondad de Dios, pues él los ha llamado a salir de la oscuridad y entrar en su luz maravillosa.* 1 Pedro 2:9

Somos embajadores. *Y todo esto es un regalo de Dios, quien nos trajo de vuelta a sí mismo por medio de Cristo. Y Dios nos ha dado la tarea de* *reconciliar a la gente con él. Pues Dios estaba en Cristo reconciliando al mundo consigo mismo, no tomando más en cuenta el pecado de la gente. Y nos dio a nosotros este maravilloso mensaje de reconciliación. Así que somos embajadores de Cristo; Dios hace su llamado por medio de nosotros. Hablamos en nombre de Cristo cuando les rogamos: ¡Vuelvan a Dios!* 2 Corintios 5:18-20

Somos su cuerpo (1 Corintios 12: 27) **Su pueblo** (1 Pedro 2:10), y **sus amigos** (Juan 15:15). Estamos para representarle a Él.

¿Por qué la iglesia debe seguir?

Porque nos fue encomendado proclamar su evangelio. Este mensaje salva personas, las regenera y les da eternidad. De esta manera, se extiende su reino en todas las esferas de la sociedad.

Porque en la iglesia es donde se enseñan los principios que mantienen a una sociedad sana. ¿Te imaginas una sociedad sin robo, asesinatos, mentira, adulterio, y sin codicia? Solo por mencionar algunos mandamientos de los diez establecidos en Éxodo 20.

Porque es un organismo que Dios instituyó. Con el objetivo de evangelizar, adorar, discipular, servir y confraternizar.

Porque somos el cuerpo de Cristo. Por lo tanto, es Cristo manifestándose en cada localidad a través de la iglesia.

Porque la iglesia es la columna de la verdad. En medio de tanto relativismo, debe haber una iglesia en cada zona que sea fundamento de la verdad. 1 Timoteo 3:15.

Porque la iglesia es la respuesta a generaciones destinadas a la destrucción. Hay millones de testimonios de cómo fue cambiado el destino de personas al tener un encuentro con Jesús.

Porque la iglesia es un lugar de refugio y entrenamiento. La iglesia se convierte para sus miembros en un respaldo, en cualquier circunstancia por la que estén pasando.

Porque la iglesia es su habitación. Él habita en las alabanzas de su pueblo, como nos dice el Salmo 22:3.

Conclusión

La iglesia es la familia de Dios y el cuerpo de Cristo. Dios nos ha equipado con sus dones, nos ha dado el Espíritu Santo para que nos guie y produzca fruto en nosotros. Ha dado ordenanzas y ha dejado las formas para organizarnos. Así como, la manera de sostenernos económicamente.

Reflexión

La iglesia debe ser un ejemplo y un núcleo donde tenemos nuestros mejores amigos. Donde arreglamos nuestros desacuerdos con la sabiduría de Dios.

Te pido que todos sean uno, así como tú y yo somos uno, es decir, como tú estás en mí, Padre, y yo estoy en ti. Y que ellos estén en nosotros, para que el mundo crea que tú me enviaste. Juan 17:21

Acción

Tú formas parte del cuerpo de Cristo, por consecuente eres un miembro y tienes una función. Al ejercer tu don, mantienes sana la iglesia local. ¡Involúcrate en ella! Crea un ambiente apropiado para crecer en la vida cristiana. Ora por tus líderes, y sé generoso con lo que Dios te bendice. Tú y yo somos la iglesia; así qué, seamos su iglesia.

Fundamentos de Vida

ACTIVIDAD DE APRENDIZAJE 8
"Conociendo la Iglesia"

Nombre: _____

Conteste lo siguiente

1. Define lo que significa la Iglesia para ti
_____
_____
_____

2. ¿Por qué es importante el rol del Pastor en la iglesia?
_____
_____
_____

3. La iglesia primitiva practicaba estos cinco propósitos. Mencione tres...

_____   _____

_____

4. La Iglesia primitiva estaba organizada con _____ y
_____.

5. ¿Por qué es importante el equilibrio de los cinco propósitos?
_____
_____
_____
_____

6. Dios tiene un alto concepto de la Iglesia al mencionar que somos...

_____, embajadores, _____, etc.

Subraye la respuesta correcta

7. El propósito de la disciplina en la iglesia es...
    a. Restaurar al que pecó   b. Castigar al que pecó
    c. Exhibir al que pecó

8. Está formada por todos los bautizados y tienen un pastor
    a. Iglesia en todo el mundo   b. Iglesia local
    c. La familia

9. Está formada por todos los creyentes en Cristo Jesus
    a. Iglesia en todo el mundo   b. Iglesia local
    c. La familia

Aplicación para mi vida

10. ¿Por qué la Iglesia debe seguir adelante? y ¿Cúal sería mi papel dentro de este propósito?

_____

_____

_____

_____

_____

_____

ANOTACIONES

CONOCIENDO LA IGLESIA

1 ORIGEN Y PROPÓSITO DE LA IGLESIA

4 ORDENANZAS DADAS A LA IGLESIA

2 ORGANIZACIÓN DE LA IGLESIA

5 EL PASTOR DE LA IGLESIA

3 LA DISCIPLINA DE LA IGLESIA

6 CONCLUSIONES DEL TEMA

NOMBRE

FECHA

CLASE

MAESTRO

CONOCIENDO A LOS ÁNGELES

Lección 9

CONOCIENDO A LOS ÁNGELES

Introducción

Los ángeles son creación de Dios. Fueron creados para su propósito y servicio.

Texto Clave

¡Alábenlo, todos sus ángeles! ¡Alábenlo, todos los ejércitos celestiales! **Salmos 148:2**

Propósito

Conocer el origen de los ángeles, sus funciones, su persona. También conocer los ángeles caídos llamados demonios; ¿Qué sucedió?, ¿Qué están haciendo hoy en día?, ¿Cuál es nuestra autoridad sobre ellos? ¿Cuál es su fin?

Temas

- Origen de los Ángeles

- Clasificación de los Ángeles

- Naturaleza de los Ángeles

- Ministerio de los Ángeles

- ¿Quién es Satanás?

- ¿Quiénes son y qué hacen los demonios?

- ¿Qué hacemos para ser vencedores?

Alaben al Señor, ustedes los ángeles, ustedes los poderosos que llevan a cabo sus planes, que están atentos a cada uno de sus mandatos. Salmo 103:20

ORIGEN DE LOS ÁNGELES

"Porque en Él fueron creadas todas las cosas, las que hay en los cielos y las que hay en la tierra, visibles e invisibles; sean tronos, sean dominios, sean principados, sean potestades; todo fue creado por medio de Él y para Él". Colosenses 1:16

Los ángeles están entre las cosas "invisibles" que Dios creó. Ellos fueron creados antes de la creación del mundo. *¿Dónde estabas tú cuando puse los cimientos de la tierra? Dímelo, ya que sabes tanto. ¿Quién decidió sus dimensiones y extendió la cinta de medir? ¿Qué sostiene sus cimientos y quién puso su piedra principal mientras las estrellas de la mañana cantaban a coro y todos los ángeles gritaban de alegría? cuando Él fundó la tierra.* Job 38:4–7

Definición

La palabra "ángel" tomada del hebreo *mal'ak* del Antiguo Testamento o del griego *angelos* del Nuevo Testamento, significa "mensajero".[40]

El propósito de la creación de los ángeles

Adorar y servir a su Creador. *El Señor ha hecho de los cielos su trono; desde allí gobierna todo. Alaben al Señor, ustedes los ángeles, ustedes los poderosos que llevan a cabo sus planes, que están atentos a cada uno de sus mandatos. ¡Sí, alaben al Señor, ejércitos de ángeles que le sirven y hacen su voluntad!* Salmo 103:19-21

CLASIFICACIÓN DE LOS ÁNGELES

Querubines

Los querubines son seres angelicales, involucrados en la adoración a Dios. Son mencionados en la Biblia en Génesis 3:24. *"Echó, pues, fuera al hombre, y puso al oriente del huerto de Edén querubines, y una espada encendida que se revolvía por todos lados, para guardar el camino del árbol de la vida"*. Antes de su rebelión, Satanás era un querubín (Ezequiel 28:12-15). También, el tabernáculo y el templo, contenían representaciones de querubines, (Éxodo 25:17-22; 26:1).

Serafines

Su significado es "los que arden".[41] Ellos adoran y asisten a Dios para la purificación de sus servidores. Esto lo vio en visión el profeta Isaías: *El año en que murió el rey Uzías, vi al Señor sentado en un majestuoso trono, y el borde de su manto llenaba el templo. Lo asistían poderosos serafines, cada uno tenía seis alas. Con dos alas se cubrían el rostro, con dos se cubrían los pies y con dos volaban. Se decían unos a otros: ¡Santo, santo, santo es el Señor de los Ejércitos Celestiales! ¡Toda la tierra está llena de su gloria!» Sus voces sacudían el templo hasta los cimientos, y todo el edificio estaba lleno de humo. Entonces dije: «¡Todo se ha acabado para mí! Estoy condenado, porque soy un pecador. Tengo labios impuros, y vivo en medio de un pueblo de labios impuros; sin embargo, he visto al Rey, el Señor de los Ejércitos Celestiales». Entonces uno de los serafines voló hacia mí con un carbón encendido que había tomado del altar con unas tenazas. Con él tocó mis labios y dijo: «¿Ves? Este carbón te ha tocado los labios. Ahora tu culpa ha sido quitada, y tus pecados perdonados».* Isaías 6:1-7

Arcángel

La palabra "arcángel" viene de la palabra griega (*arco y angelos*) que significa "ángel jefe".[42] Se refiere a un ángel quien parece ser el líder de otros ángeles. Miguel es el único ángel identificado como un arcángel (Judas 9). Daniel 10:13 describe a Miguel como "uno de los principales príncipes." Esto indica que hay más de un arcángel, porque coloca a Miguel en el mismo nivel que otros "príncipes". También se mencionan en 1 Tesalonicenses 4:16, *"Porque el Señor mismo con voz de mando, con voz de arcángel, y con trompeta de Dios, descenderá del cielo; y los muertos en Cristo resucitarán primero"*. Judas 9 declara, *"Pero cuando el arcángel Miguel contendía con el diablo, disputando con él por el cuerpo de Moisés, no se atrevió a proferir juicio de maldición contra él, sino que dijo; El Señor te reprenda"*.

Seres vivientes

Son seres angelicales. Están para adorar (Apocalipsis 4; 5; 7; 19) y al mismo tiempo, dirigen los juicios de Dios sobre la tierra (Apocalipsis 6 y 15).

LA NATURALEZA DE LOS ÁNGELES

La personalidad de los Ángeles

- Son inteligentes, pero no son omniscientes. 1 Pedro 1:12, Mateo 28:5, Apocalipsis 10:5, 6

- Tienen emociones. Job 38:7, Isaías 6:4, Lucas 15:10

- Tienen voluntad propia, aunque no son soberanos. Hebreos 1:6

Características naturales de los Ángeles

- Son seres espirituales, (Hebreos 1:14). Es decir, no tienen cuerpos físicos, aunque pueden tener forma humana, (Génesis 18:2; Lucas 24:4). Los ángeles tienen la capacidad de hacerse visibles y tomar forma humana. Este no es su estado permanente; es una condición excepcional.

- Tienen la capacidad de comer. Génesis 18:8

- Son poderosos. Mateo 28; Apocalipsis 18:1.

- Son santos. Mateo 25:31; Apocalipsis 14:10

- Son inmortales. Lucas 20:36

EL MINISTERIO DE LOS ÁNGELES

En relación con Dios Padre

Dar alabanza y adoración. *Y miré, y oí la voz de muchos ángeles alrededor del trono, y de los seres vivientes, y de los ancianos; y su número era millones de millones, que decían a gran voz: El Cordero que fue inmolado es digno de tomar el poder, las riquezas, la sabiduría, la fortaleza, la honra, la gloria y la alabanza.* Apocalipsis 5:11, 12

Ejecutar sus juicios. *"Al momento un ángel del Señor le hirió, por cuanto no dio la gloria a Dios; y expiró comido de gusanos".* Hechos 12:23

Juntar a los elegidos en la segunda venida de Cristo. *"...Y verán al Hijo del Hombre viniendo sobre las nubes del cielo, con poder y gran gloria. Y enviará sus ángeles con gran voz de trompeta, y juntarán a sus escogidos, de los cuatro vientos, desde un extremo del cielo hasta el otro".* Mateo 24:30, 31

Asistir en el día del juicio. *"Y Dios les brindará descanso a ustedes que están siendo perseguidos y también a nosotros cuando el Señor Jesús apa-*

rezca desde el cielo. Él vendrá con sus ángeles poderosos, en llamas de fuego, y traerá juicio sobre los que no conocen a Dios y sobre los que se niegan a obedecer la Buena Noticia de nuestro Señor Jesús". 2 Tesalonicenses 1:7, 8

Con relación a Cristo[43]

Estas son algunas referencias que son atribuidas al servicio de los ángeles:

- El nacimiento de su precursor, Juan el Bautista, fue anunciado al padre de Juan por un ángel, (Lucas 1:11–13).

- María fue informada por el ángel Gabriel que ella sería la madre del Salvador, (Lucas 1:26–38).

- Un ángel aseguró a José que: *"lo que en ella es engendrado, del Espíritu Santo es"*, (Mateo 1:20).

- Ángeles trajeron la noticia de su nacimiento a los pastores en los campos de Belén, (Lucas 2:8–15).

- José fue advertido por un ángel de llevar a María y al pequeño niño a Egipto para escapar de Herodes, (Mateo 2:13).

- José fue instruido por un ángel, de regresar a la tierra de Israel después de la muerte de Herodes, (Mateo 2:19, 20).

- Ángeles sirvieron a nuestro Señor después de su tentación en el desierto, (Mateo 4:11).

- Un ángel del cielo lo fortaleció en el Jardín del Getsemaní, (Lucas 22:43).

- Jesús dijo que podía pedir al Padre y Él enviaría más de doce legiones de ángeles para protegerlo, (Mateo 26:53).

- Un ángel removió la piedra del sepulcro y habló con las mujeres que vinieron a la tumba, (Mateo 28:2–7).

- Ángeles estuvieron presentes en la ascensión de Cristo, (Hechos 1:10-11).

- Ángeles acompañarán al Señor, cuando Él venga por segunda vez, (Mateo 16:27; 25:31).

En relación con los creyentes

Los siguientes son algunos de los muchos ministerios que los ángeles han realizado en favor del pueblo de Dios. Por lo cual, no hay razón para dudar que continúan ejerciendo ministerio similar hoy en día a donde Dios los envía para cumplir su propósito.

- Liberan de males. Génesis 19; Daniel 3 y 6; Hechos 12.

- Dan instrucciones a los hombres. Mateo 1:20-21.

- Proveen para necesidades especiales. Génesis 21:17-20; Salmos 78:23-25

- Son medios para informar sobre las oraciones. Daniel 10:10-12

- Escoltan a los salvos al cielo. Lucas 16:22

- Dan protección especial para los hijos de Dios. Salmos 34:7; 91:11-12; Hechos 27:23-24; Hebreos 1:14.

- Hacen fiesta cuando un pecador se arrepiente. Lucas 15:10

- Hacen reportes al Padre Celestial de acontecimientos con los niños. Mateo 18:10

Los ángeles no deben ser adorados

- La Biblia lo enseña. Éxodo 20:3-5; Colosenses 2:18

- Los mismos ángeles prohíben que les adoremos. Apocalipsis 19:9-10

A través de la historia muchas personas han tenido encuentros con ángeles o seres celestiales y les han dado revelaciones. Como ya hemos hablado, los ángeles se pueden manifestar y traer revelación, pero también la Biblia enseña que hay ángeles engañadores. *Y no es de extrañar, pues aun Satanás se disfraza como ángel de luz,* (2 Corintios 11:14). Entonces, nos preguntamos ¿Cómo reconocer a un ángel que viene de parte de Dios o un ángel que viene de parte de Satanás? El apóstol Pablo nos enseña en Gálatas 1:8, *"Pero aun si nosotros mismos o un ángel del cielo les anunciara un evangelio diferente del que les hemos anunciado, sea anatema".* Por lo cual, si un ser angelical nos da un mensaje que va en contra de los principios que hemos aprendido en su palabra, no le creeremos.

¿QUIÉN ES SATANÁS?

Origen

Satanás fue creado por Cristo al igual que todas las cosas, (Colosenses 1:16) recibiendo el nombre de Lucero, (Isaías 14:12). Satanás fue un querubín, con el rango más alto entre los ángeles. Pero ante su posición y belleza se volvió arrogante deseando el trono y ser semejante a Dios, (Isaías 14:13-14; Ezequiel 28:12-15). El orgullo de Satanás lo condujo a su caída. Sus expresiones: "me levantaré, me sentaré y seré semejante al Altísimo" en Isaías 14:13-14 y por este pecado fue expulsado del cielo. Cristo mencionó y reconoció la existencia de Satanás en la tierra. Mateo 4:1-11, Lucas 10:18-20

Su personalidad

- Homicida. Juan 8:44
- Mentiroso. Juan 8:44
- Pecador. 1 Juan 3:8

- Acusador. Apocalipsis 12:10
- Adversario. 1 Pedro 5:8
- Astuto. Génesis 3:1; 2 Corintios 11:3
- Engañador. 2 Corintios 11:3
- Tiene características de una persona: intelecto (2 Corintios 11:3), emociones (Apocalipsis 12:7) y voluntad (2 Timoteo 2:26).

Significado de sus nombres principales

Diablo. Significa "calumniador, acusador, engañador".[44] 1 Pedro 5:8, Apocalipsis 12:10, Zacarías 3:1-5

Beelzebu, (Mateo 12:24). Significa "Señor de las Moscas",[45] (2 Reyes 1:1-6, 16). Es posible que esta sea una mala pronunciación intencional en vez del nombre Baal- zebul (señor elevado o el señor príncipe) comparado con Mateo 12: 24-27.

Satanás. Proviene del hebreo satán, que quiere decir "adversario".[46] Mateo 16:23

Sus limitaciones

No es omnisciente, omnipresente ni omnipotente. Aunque puede influenciar en todo el mundo a través de sus demonios; Dios lo limita (Job 1 y 2, Lucas 10:19). Los creyentes tienen autoridad sobre él y pueden resistirle. Santiago 4:7; Efesios 6:11-18

El destino de satanás

Fue vencido en la cruz (Colosenses 2:15). Es castigado parcialmente y limitado a la tierra, (Juan 16:11). El destino de Satanás está sellado con una eternidad en el lago de fuego, (Apocalipsis 20:10, Mateo 25:41).

¿QUÉNES SON Y QUÉ HACEN LOS DEMONIOS?

Los demonios son ángeles caídos

Los demonios son los ángeles que siguieron a Satanás en su rebelión contra Dios. La Biblia se refiere a ellos como los ángeles del diablo.

Entonces dirá también a los de la izquierda: "Apartaos de mí, malditos, al fuego eterno preparado para el diablo y sus ángeles". Mateo 25:41

¿Qué hacen los demonios?

- Ejecutan las órdenes de Satanás. Efesios 6:11-12

- Tratan de frustrar el plan de Dios. Daniel 10:10-14; Apocalipsis 16:13-16

- Traen enfermedades. Mateo 9:33; 12:22; Lucas 13:11-13; Hechos 8:7

- Pueden poseer a las personas y animales. Mateo 4:24, Marcos 5:13

- Se oponen al crecimiento espiritual. Efesios 6:12

- Tienen un sistema de falsas doctrinas. 1 Timoteo 4:1, 1 Juan 2:22-23

¿QUÉ HACEMOS PARA SER VENCEDORES?

Entender que el Señor Jesucristo ya los venció en la cruz

Ustedes estaban muertos a causa de sus pecados y porque aún no les habían quitado la naturaleza pecaminosa. Entonces Dios les dio vida con Cristo al perdonar todos nuestros pecados. Él anuló el acta con los cargos que había contra nosotros y la eliminó clavándola en la cruz. De esa manera, desarmó[d] a los gobernantes y a las autoridades espirituales. Los avergonzó públicamente con su victoria sobre ellos en la cruz. Colosenses 2:13-15

Tomar nuestra autoridad

*   Mayor es Cristo que está en nosotros que el diablo. 1 Juan 4:4

*   A todos los discípulos se les confiere poder para reprender demonios. Marcos 16:17

*   El Espíritu Santo es el que nos unge y está con nosotros en el proceso. Hechos 10:38.

*   Tenemos una armadura poderosa. Efesios 6:12, 2 Corintios 10:3- 6.

*   Creer que hay multitudes de ángeles respaldando al pueblo de Dios. Salmo 91, Hebreos 1:6, 2 Reyes 6:16-17.

*   Creemos que Cristo nos comisionó para hacer grandes obras en su nombre. Juan 14:12- 14.

- Humildad ante Dios y resistencia ante el enemigo. Santiago 4:7

Conclusión

Dios creó los ángeles para su propósito y servicio. Están para ayudarnos y no deben ser adorados. Una parte de ángeles se reveló y están causando males; Dios nos ha dado autoridad sobre ellos y en el juicio serán parte de los que recibirán castigo.

Reflexión

Aunque existen espíritus malos, asumamos nuestra responsabilidad ante la vida y no busquemos siempre un demonio al cual echarle la culpa de todo. No le demos lugar al diablo, hagamos nuestra parte y siempre pongamos nuestra confianza en Dios.

Acción

- Demos gracias a Dios por sus ángeles a nuestro cuidado.
- Cerremos todo acceso al enemigo a través del arrepentimiento y cambio de hábitos.
- Enfoquémonos en el poder de Dios y no en el diablo.

ACTIVIDAD DE APRENDIZAJE 9
"Conociendo a los Ángeles"

Nombre: _____

Subraye la respuesta correcta

1. La palabra ángel significa:

   a. Divino   b. ayudador   c. Mensajero

2. Los ángeles fueron creados por Dios para:

   a. Adorar y servir   b. Interceder   c. Vigilar

3. Uno de los nombres de satanás es:

   a. Ángel   b. Satán   c. Mentiroso

4. ¿Qué hacen los demonios?

   a. Espantan   b. Frustrar el plan de Dios   c. Acusan

Conteste Falso o Verdadero

5. A los ángeles se les llama "hijos de Dios"................... F o V

6. Satanás sabe lo que pensamos por eso somos vulnerables.. F o V

7. Los querubines son seres angélicos involucrados en la adoración.. F o V

8. Los ángeles son seres mortales............................... F o V

9. Dios llamó "hijo de Dios" a satanás. .... F o V

Aplicación para mi vida

10. ¿Cómo logramos ser vencedores ante los ataques de satanás y sus demonios?

_____

_____

_____

_____

_____

_____

ANOTACIONES

CONOCIENDO A LOS ÁNGELES

1 ORIGEN DE LOS ÁNGELES

5 ¿QUIÉN ES SATANÁS?

2 y 3 CLASIFICACIÓN Y NATURALEZA DE LOS ÁNGELES

6 ¿QUIENES SON Y QUE HACEN LOS DEMONIOS

4 MINISTERIO DE LOS ANGELES

7 ¿QUE HACEMOS PARA VENCERLOS?

NOMBRE

FECHA

CLASE

MAESTRO

CONOCIENDO EL FUTURO

Lección 10
CONOCIENDO EL FUTURO

Introducción

Oí una fuerte voz que salía del trono y decía: «¡Miren, el hogar de Dios ahora está entre su pueblo! Él vivirá con ellos, y ellos serán su pueblo. Dios mismo estará con ellos. Él les secará toda lágrima de los ojos, y no habrá más muerte ni tristeza ni llanto ni dolor. Todas esas cosas ya no existirán más». *Y el que estaba sentado en el trono dijo: «¡Miren, hago nuevas todas las cosas!». Entonces me dijo: «Escribe esto, porque lo que te digo es verdadero y digno de confianza». También dijo: «¡Todo ha terminado! Yo soy el Alfa y la Omega, el Principio y el Fin. A todo el que tenga sed, yo le daré a beber gratuitamente de los manantiales del agua de la vida. Los que salgan vencedores heredarán todas esas bendiciones, y yo seré su Dios, y ellos serán mis hijos.* Apocalipsis 21:3-7

Texto Clave

y Gracias y paz de Jesucristo. Él es el testigo fiel de estas cosas, el primero en resucitar de los muertos y el gobernante de todos los reyes del mundo. Toda la gloria sea al que nos ama y nos ha libertado de nuestros pecados al derramar su sangre por nosotros. Él ha hecho de nosotros un reino de sacerdotes para Dios, su Padre. ¡A él sea toda la gloria y el poder por siempre y para siempre! Amén. ¡Miren! Él viene en las nubes del cielo. Y todos lo verán. Soberano, alfa y omega. **Apocalipsis 1:5-6**

Propósito

Conocer nuestra esperanza futura, la resurrección de los muertos, la segunda venida de Cristo, las recompensas, y los sucesos de los fines de los tiempos.

Temas

- El líder mundial que se ha profetizado
- La muerte física
- Su venida por su iglesia
- La resurrección
- El tribunal de Cristo
- Las bodas del Cordero
- Segunda venida de Cristo
- El milenio
- El trono blanco
- Paraíso eterno

EL LÍDER MUNDIAL QUE SE
HA PROFETIZADO

Características

Alguien que conoció a Dios. *"Del Dios de sus padres no hará caso..."*. Daniel 11:37

Soberbio y erudito. *"Y al fin del reinado de éstos, cuando los transgresores lleguen al colmo, se levantará un rey altivo de rostro y entendido en enigmas"*. Daniel 8:23

Elocuente y adulador. *"Pero vendrá sin aviso y tomará el reino con halagos..."*. Daniel 11:21

Un genio político. Todos los gobernantes del mundo le darán a él su poder. Apocalipsis 13, 14

Un poderoso economista. *"Y que ninguno pudiera comprar ni vender, sino el que tuviese la marca o el nombre de la bestia, o el número de su nombre"*. Apocalipsis 13:17

Se autonombrará Dios. *"El cual se opone y se levanta contra todo lo que se llama Dios, o es objeto de culto; tanto, que se sienta en el templo de Dios, haciéndose pasar por Dios"*. 2 Tesalonicenses 2:4

Los títulos

"El hombre de pecado e hijo de perdición". *Nadie os engañe en ninguna manera; porque no vendrá sin que antes venga la apostasía, y se manifieste el hombre de pecado, el hijo de perdición*. 2 Tesalonicenses 2:3

"Aquel inicuo". *Y entonces se manifestará aquel inicuo, a quien el Señor matará con el espíritu de su boca, y destruirá con el resplandor de su venida*. 2 Tesalonicenses 2:8

"El anticristo". *Queridos hijos, llegó la última hora. Ustedes han oído que el Anticristo viene, y ya han surgido muchos anticristos. Por eso sabemos que la última hora ha llegado.* 1 Juan 2:18

"La bestia". *Después vi a una bestia que subía del mar. Tenía siete cabezas y diez cuernos, y una corona en cada cuerno; y escrito en cada cabeza había nombres que blasfemaban a Dios.* Apocalipsis 13:1

El fin del anticristo. *"Y la bestia fue capturada, y junto con ella, el falso profeta que hacía grandes milagros en nombre de la bestia; milagros que engañaban a todos los que habían aceptado la marca de la bestia y adorado a su estatua. Tanto la bestia como el falso profeta fueron lanzados vivos al lago de fuego que arde con azufre.* Apocalipsis 19:20.

LA MUERTE FÍSICA

A causa del pecado se establece que todos moriremos. *"Está establecido para los hombres que mueran una sola vez y después de esto el juicio".* Hebreos 9:27

La muerte no es un sueño del alma. Las Escrituras enseñan que el alma está ausente del cuerpo, pero presente al Señor; y que las almas y los espíritus están conscientes de las cosas a su alrededor, (Lucas 16:19-26; Apocalipsis 6:9-10). El apóstol Pablo dice: *"Porque para mí el vivir es Cristo, y el morir es ganancia",* (Filipenses 1:21). "Vivir" significa que Pablo tenía una comunión perfecta con Cristo. Si la muerte fuera el fin de todo, Pablo no habría dicho "...y el morir es ganancia".

La muerte significa esperanza. *Pues sabemos que, cuando se desarme esta carpa terrenal en la cual vivimos (es decir, cuando muramos y dejemos este cuerpo terrenal), tendremos una casa en el cielo, un cuerpo eterno hecho para nosotros por Dios mismo y no por manos humanas.* 2 Corintios 5: 1-2

Pablo nos invita a no temer a la muerte. *Si vivimos, es para honrar al Señor, y si morimos, es para honrar al Señor. Entonces, tanto si vivimos como si morimos, pertenecemos al Señor.* Romanos 14:8

Tenemos reservación en los cielos. *¡Alabado sea Dios, Padre de nuestro Señor Jesucristo! Por su gran misericordia, nos ha hecho nacer de nuevo mediante la resurrección de Jesucristo, para que tengamos una esperanza viva y recibamos una herencia indestructible, incontaminada e inmarchitable. Tal herencia está reservada en el cielo para ustedes.* 1 Pedro 1:3-4

No se preocupen. Confíen en Dios y confíen también en mí. En la casa de mi Padre hay lugar para todos. Si no fuera cierto, no les habría dicho que voy allá a prepararles un lugar. Después de esto, volveré para llevarlos conmigo. Así estaremos juntos. Ustedes ya saben a dónde voy, y saben también el camino que deben tomar. Juan 14: 1-3 (TLA)

En Cristo vencemos la muerte física. *Ciertamente les aseguro que el que oye mi palabra y cree al que me envió tiene vida eterna y no será juzgado, sino que ha pasado de la muerte a la vida.* Juan. 5:24

SU VENIDA POR SU IGLESIA

Pero tus muertos vivirán, sus cadáveres volverán a la vida. ¡Despierten y griten de alegría, moradores del polvo! Porque tu rocío es como el rocío de la mañana, y la tierra devolverá sus muertos. ¡Anda, pueblo mío, entra en tus habitaciones y cierra tus puertas tras de ti; escóndete por un momento, hasta que pase la ira! ¡Estén alerta!, que el SEÑOR *va a salir de su morada para castigar la maldad de los habitantes del país. La tierra pondrá al descubierto la sangre derramada; ¡ya no ocultará a los masacrados en ella!* Isaías 26:19-21

Pero permítanme revelarles un secreto maravilloso. ¡No todos moriremos, pero todos seremos transformados! Sucederá en un instante, en un abrir y cerrar de ojos, cuando se toque la trompeta final. Pues, cuando suene la trompeta, los que hayan muerto resucitarán para vivir por siempre. Y nosotros, los que estemos vivos, también seremos transformados. 1 Tesalonicenses 4:16-17

LA RESURRECCIÓN

La muerte no está presentada en la Biblia como la esperanza del creyente. En 1 Corintios 15, vemos que algunos habían declarado que la resurrección corporal de los muertos no existía; pero Pablo los amonesta por enseñarlo. Les demuestra que la resurrección es una realidad, comprobándose por medio de la resurrección de Cristo. Si uno no cree en la resurrección del hombre, entonces, es imposible creer en la resurrección de Cristo. Si Cristo no resucitó, no hay evangelio. Si no hay evangelio, nadie podrá ser salvo. Los siguientes versículos nos hablan de la resurrección.

Jesús le dijo: Yo soy la resurrección y la vida; el que cree en mí, aunque muera, vivirá, y todo el que vive y cree en mí, no morirá jamás. ¿Crees esto? Juan 11:25-26

Y les aseguro que se acerca el tiempo—de hecho, ya ha llegado—cuando los muertos oirán mi voz, la voz del Hijo de Dios, y los que escuchen, vivirán. Juan 5:25

Yo sé que mi Redentor vive, y al final se levantará sobre el polvo. Job 19:25

"Tus muertos vivirán; sus cadáveres resucitarán. ¡Despertad y cantad, moradores del polvo! porque tu rocío es cual rocío de hortalizas, y la tierra dará sus muertos". Isaías 26:19

"Porque, así como en Adán todos mueren, también en Cristo todos serán vivificados". 1 Corintios 15:22

"...teniendo esperanza en Dios, la cual ellos también abrigan, de que ha de haber resurrección de los muertos, así de justos como de injustos". Hechos 24:15

EL TRIBUNAL DE CRISTO

Porque es necesario que todos nosotros comparezcamos ante el tribunal de cristo, para que cada uno reciba según lo que haya hecho mientras estaba en el cuerpo, sea bueno o sea malo". 2 Corintios 5:10

Les aseguro que cualquiera que les dé un vaso de agua en mi nombre por ser ustedes de Cristo no perderá su recompensa. Marcos 9:41

Hagan lo que hagan, trabajen de buena gana, como para el Señor y no como para nadie en este mundo, conscientes de que el Señor los recompensará con la herencia. Ustedes sirven a Cristo el Señor. Colosenses 3:23-24

Porque el Hijo del Hombre vendrá en la gloria de su Padre con sus ángeles, y entonces recompensará a cada hombre de acuerdo a sus obras. Mateo 16:27

Jesús contestó: Les aseguro que cuando el mundo se renueve y el Hijo del Hombre se siente sobre su trono glorioso, ustedes que han sido mis seguidores también se sentarán en doce tronos para juzgar a las doce tribus de Israel. Y todo el que haya dejado casas o hermanos o hermanas o padre o madre o hijos o bienes por mi causa recibirá cien veces más a cambio y heredará la vida eterna. Mateo 19:28-29

¡Miren que vengo pronto! Traigo conmigo mi recompensa, y le pagaré a cada *uno según lo que haya hecho.* Apocalipsis 22:12

Así, cuando venga el Gran Pastor, recibirán una corona de gloria y honor eternos. 1 Pedro 5:4

"Y ahora, hijitos, permaneced en él, para que cuando se manifieste, tengamos confianza, para que en su venida no nos alejemos de Él avergonzados". 1 Juan 2:28

LAS BODAS DEL CORDERO

Entonces volví a oír algo que parecía el grito de una inmensa multitud o el rugido de enormes olas del mar o el estruendo de un potente trueno, que decían: «¡Alabado sea el Señor! Pues el Señor nuestro Dios, el Todopoderoso, reina. Alegrémonos y llenémonos de gozo y démosle honor a él, porque el tiempo ha llegado para la boda del Cordero, y su novia se ha preparado. A ella se le ha concedido vestirse del lino blanco y puro de la más alta calidad». Pues el lino de la más alta calidad representa las buenas acciones del pueblo santo de Dios. Apocalipsis 19:6-8

Una gran celebración

¿Has ido a un estadio? ¿Has escuchado un concierto o el grito de gol de una final? Imaginémonos, esta experiencia divina multiplicada por miles de veces. Millones de personas con gran voz, y alegría; que se escucha como estruendo de aguas y potentes truenos y el "director de ceremonias" diciendo: *Alegrémonos y llenémonos de gozo y démosle honor a él, porque el tiempo ha llegado para la boda del Cordero, y su novia se ha preparado. A ella se le ha concedido vestirse del lino blanco y puro de la más alta calidad». Pues el lino de la más alta calidad representa las buenas acciones del pueblo santo de Dios.* El lino representa las buenas acciones de los justos. La justificación de Dios en nuestra vida interna produce en nosotros un vestido externo de obras de justicia.

LA SEGUNDA VENIDA DE CRISTO

El testimonio del Señor Jesús. *"Cuando todo esté listo, volveré para llevarlos, para que siempre estén conmigo donde yo estoy".* Juan 14:3 *"Porque como el relámpago que sale del oriente y se muestra hasta el occidente, así será también la venida del Hijo del Hombre".* Mateo 24:27

El testimonio de los ángeles. «Hombres de Galilea—les dijeron—, ¿por qué están aquí parados, mirando al cielo? Jesús fue tomado de entre ustedes y llevado al cielo, ¡pero un día volverá del cielo de la misma manera en que lo vieron irse!». Hechos 1:11

El testimonio del apóstol Pedro. *"Entonces, de la presencia del Señor vendrán tiempos de refrigerio y él les enviará nuevamente a Jesús, el Mesías designado para ustedes".* Hechos 3:19-20

El testimonio del apóstol Pablo. *Ahora tienen todos los dones espirituales que necesitan mientras esperan con anhelo el regreso de nuestro Señor Jesucristo.* 1 Corintios 1:7

El testimonio de Santiago. *"Amados hermanos, tengan paciencia mientras esperan el regreso del Señor. Piensen en los agricultores, que con paciencia esperan las lluvias en el otoño y la primavera. Con ansias esperan a que maduren los preciosos cultivos.* Santiago 5:7

El testimonio del apóstol Juan. *"Amados, ahora somos hijos de Dios, y aún no se ha manifestado lo que hemos de ser; pero sabemos que cuando Él se manifieste, seremos semejantes a Él, porque le veremos tal como Él es".* 1 Juan 3:2

El testimonio de Judas. *"De éstos también profetizó Enoc, séptimo desde Adán, diciendo: He aquí, vino el Señor con sus santas decenas de millares".* Judas 14

EL MILENIO

El Primer Adán falló, y el segundo Adán (1 Corintios 15:45-49) viene a restaurar el paraíso, a ocupar el trono y volver los desiertos en bosques. No habrá pobreza, injusticia, es muy posible que será un tiempo sin prisiones y sin hospitales.

Bienaventurado y santo el que tiene parte en la primera resurrección, la segunda muerte no tiene potestad en éstos, antes serán sacerdotes de Dios y de Cristo, y reinarán con Él mil años. Apocalipsis 20:6

El diablo estará encadenado durante el milenio. *Luego vi a un ángel que bajaba del cielo con la llave del abismo sin fondo y una pesada cadena en la mano. Sujetó con fuerza al dragón —la serpiente antigua, quien es el diablo, Satanás— y lo encadenó por mil años. El ángel lo lanzó al abismo sin fondo y lo encerró con llave para que Satanás no pudiera engañar más a las naciones hasta que se cumplieran los mil años. Pasado ese tiempo, debe ser soltado por un poco de tiempo.* Apocalipsis 20:1-3

Jesucristo gobernará en Israel y no habrá guerras. *El Señor mediará entre las naciones y resolverá los conflictos internacionales. Ellos forjarán sus espadas en rejas de arado y sus lanzas en herramientas para podar. No peleará más nación contra nación, ni seguirán entrenándose para la guerra.* Isaías 2:4

Esta tierra volverá a ser un paraíso, habrá cambios en el reino animal y vegetal. *En ese día el lobo y el cordero vivirán juntos, y el leopardo se echará junto al cabrito. El ternero y el potro estarán seguros junto al león, y un niño pequeño los guiará a todos. La vaca pastará cerca del oso, el cachorro y el ternero se echarán juntos, y el león comerá heno como las vacas. El bebé jugará seguro cerca de la guarida de la cobra; así es, un niño pequeño meterá la mano en un nido de víboras mortales y no le pasará nada. En todo mi monte santo no habrá nada que destruya o haga daño, porque, así como las aguas llenan el mar, así también la tierra estará llena de gente que conocerá al Señor. En ese día, el heredero del trono de David será estandarte de salvación para el mundo entero. Las naciones se reunirán junto a él, y la tierra donde vive será un lugar glorioso.* Isaías 11:6-10

No será necesario evangelizar. *No enseñará más ninguno a su prójimo y a su hermano, diciendo: Conoce al Señor; porque todos me conocerán, desde el más pequeño de ellos hasta el más grande, dice Jehová; porque perdonaré la maldad de ellos, y no me acordaré más de su pecado.* Jeremías 31:34

Su pueblo gobernará con Él. *Y la has transformado en un reino de sacerdotes para nuestro Dios. Y reinarán sobre la tierra.* Apocalipsis 5:10

TRONO BLANCO

Y vi un gran trono blanco y al que estaba sentado en él. La tierra y el cielo huyeron de su presencia, pero no encontraron ningún lugar donde esconderse. Vi a los muertos, tanto grandes como pequeños, de pie delante del trono de Dios. Los libros fueron abiertos, entre ellos el libro de la vida. A los muertos se les juzgó de acuerdo a las cosas que habían hecho, según lo que estaba escrito en los libros. El mar entregó sus muertos, y la muerte y la tumba también entregaron sus muertos; y todos fueron juzgados según lo que habían hecho. Entonces la muerte y la tumba fueron lanzadas al lago de fuego. Este lago de fuego es la segunda muerte. Y todo el que no tenía su nombre registrado en el libro de la vida fue lanzado al lago de fuego. Apocalipsis 20:11-15

La destrucción de los cielos y la tierra. *Huyeron el cielo y la tierra; y ningún lugar se encontró para ellos»,* (Apocalipsis 20:11). *El primer cielo y la primera tierra pasaron, y el mar ya no existía más,* (Apocalipsis 21:1). *Los cielos pasarán con gran estruendo, y los elementos ardiendo serán deshechos, y la tierra y las obras que hay en ella serán quemadas».* 2 Pedro 3:10-12

Debido a la destrucción de la tierra y el cielo actual, es posible que el juicio del gran trono blanco se realiza en el espacio, efectuándose antes la segunda resurrección de los muertos que no murieron en Cristo. Juan vio *«los muertos, grandes y pequeños, de pie ante Dios».* *«Y el mar entregó los muertos que había en él; y la muerte y el Hades entregaron los muertos que había en ellos».* Apocalipsis 20:12-13

Se abre el libro de las obras humanas. *Dos libros fueron abiertos, y otro libro fue abierto, el cual es el de la vida; y fueron juzgados los muertos por las cosas que estaban escritas en los libros, según sus obras,* (Apocalipsis 20:12). *Y el que no se halló inscrito en el libro de la vida fue lanzado al lago de fuego.* Apocalipsis 20:15

CIELOS NUEVOS Y TIERRA NUEVA

Entonces vi un cielo nuevo y una tierra nueva, porque el primer cielo y la primera tierra habían desaparecido y también el mar. Y vi la ciudad santa, la nueva Jerusalén, que descendía del cielo desde la presencia de Dios, como una novia hermosamente vestida para su esposo.

Oí una fuerte voz que salía del trono y decía: ¡Miren, el hogar de Dios ahora está entre su pueblo! Él vivirá con ellos, y ellos serán su pueblo. Dios mismo estará con ellos. Él les secará toda lágrima de los ojos, y no habrá más muerte ni tristeza ni llanto ni dolor. Todas esas cosas ya no existirán más.

Y el que estaba sentado en el trono dijo: ¡Miren, hago nuevas todas las cosas! Entonces me dijo: Escribe esto, porque lo que te digo es verdadero y digno de confianza. También dijo: ¡Todo ha terminado! Yo soy el Alfa y la Omega, el Principio y el Fin. A todo el que tenga sed, yo le daré a beber gratuitamente de los manantiales del agua de la vida. Los que salgan vencedores heredarán todas esas bendiciones, y yo seré su Dios, y ellos serán mis hijos.

Pero los cobardes, los incrédulos, los corruptos, los asesinos, los que cometen inmoralidades sexuales, los que practican la brujería, los que rinden culto a ídolos y todos los mentirosos, tendrán su destino en el lago de fuego que arde con azufre. Esta es la segunda muerte. Apocalipsis 21:1-8

Algunas características del Paraíso

Este paraíso, no es una imaginación, no es algo simbólico, literalmente es un lugar. Juan 14:2-4

Las bellezas de esta ciudad y el paraíso. Son calles de oro, las puertas son perlas, y los siete cimientos son de piedras preciosas. Hay coronas, alimento, animales diversos, luz, adoración, música, ángeles, arcángeles, serafines y querubines. Hay agua, árboles, y un río. Está el árbol de la vida, la luz es gloriosa, hay banquetes, felicidad, tesoros, y triunfos. Hay vides, palmeras y pan. (Leer el libro de Apocalipsis)

El tamaño de la ciudad. Es extraordinaria, *Cuando la midió se dio cuenta de que era cuadrada, que medía lo mismo de ancho que de largo. En realidad, medía 2220 kilómetros de largo, lo mismo de alto y lo mismo de ancho. Después midió el grosor de las murallas, que eran de sesenta y cinco metros (según la medida humana que el ángel usó).* Apocalipsis 21:16-17

Los habitantes de esta ciudad y el paraíso. Son seres angelicales y millones de personas con cuerpo incorruptible con un sin fin de títulos y funciones. *"Y las naciones…andarán a la luz de ella; y los reyes de la tierra traerán su gloria y honor a ella. Sus puertas nunca serán cerradas de día, pues allí no habrá noche",* (Apocalipsis 21:24-25). Nuestras ocupaciones en este paraíso. Son diversas, sin fin.

Respuestas a algunas interrogantes

1. ¿Qué no existirá en este paraíso? Muerte, enfermedad, maldición, dolor, tristeza, lagrimas, noche, pecado, etc.

2. ¿Cómo serán nuestros cuerpos? Serán inmortales e incorruptibles. 1 Corintios 15:53-54

3. ¿Nos conoceremos? Sí. Jesús fue reconocido en su cuerpo resucitado, y existen más eventos como la transfiguración. (Mateo 17:1-3)

4. ¿Habrá sexo? No. *Pues cuando los muertos resuciten, no se casarán ni se entregarán en matrimonio. En este sentido, serán como los ángeles del cielo,* (Mateo 22:30). Sin duda, habrá un placer mayor de acuerdo a nuestra nueva naturaleza. En 1 Corintios 2:9 dice: *"Sino como está escrito: Cosas que ojo no vio, ni oído oyó, Ni han entrado al corazón del hombre, son las cosas que Dios ha preparado para los que le aman".*

5. ¿Conservaremos nuestros nombres? Es muy posible que sí, como dice en Lucas 10:20 "...*alégrense porque sus nombres están escritos en el cielo"*.

Conclusión

Tenemos la plenitud de Dios, somos eternos, nos esperan cielos nuevos y tierra nueva. Tenemos visión de eternidad en nuestras acciones y esperanza en los retos que enfrentaremos en los tiempos finales.

Reflexión

En 150 años, nadie de los que viven actualmente existirán en esta tierra. Si elegimos a Jesús, habremos hecho nuestra mejor elección. Los años vividos en este mundo son como una fracción de segundos en la eternidad. Vivamos cada día en conexión con Jesús como si Él viniera hoy por nosotros y proyectémonos como si tardara 300 años.

Acción

- Si tu pasión por Él se ha agotado, regresa a tu primer amor.
- Afírmate en su Palabra ¡Él regresará por nosotros!
- Jamás te avergüences de Él.

ACTIVIDAD DE APRENDIZAJE 10
"Conociendo el futuro"

Nombre: _____

Subraye la respuesta correcta

1. La muerte física es ...

a. La terminación del ser   b. El sueño del alma

c. un paso a la eternidad

2. El anticristo será...

a. Un genio   b. Cualquier persona   c. Satanás

3. La esperanza del creyente es:

a. La muerte   b. La vida   c. La resurrección

Completa la frase

4. Durante el milenio el diablo está _____.

5. El _____ será un hombre no un sistema religioso.

Contesta Falso o Verdadero

6. La segunda venida de Cristo tiene día y hora .... F o V

7. Los que mueren en Cristo van inmediatamente al cielo ....
.... F o V

8. El infierno fue creado para el ser humano .... F o V

Contesta brevemente

9. Menciona dos características del Paraíso.

_____   _____

Aplicación personal

10. Expresa la manera en que te estás preparando en la espera de la segunda venida de Cristo

_____
_____
_____
_____
_____
_____
_____

ANOTACIONES

CONOCIENDO EL FUTURO

1 EL LÍDER MUNDIAL QUE SE HA PROFETIZADO	**6 Y 7** LAS BODAS Y LA SEGUNDA VENIDA DE CRISTO

2 y 3 MUERTE FISICA Y SU VENIDA POR SU IGLESIA	**8 Y 9** EL MILENIO Y EL TRONO BLANCO

4 y 5 LA RESURRECCIÓN Y EL TRIBUNAL	**10** PARAISO ETERNO Y CONCLUSIONES

NOMBRE

FECHA

CLASE

MAESTRO

APÉNDICE

APÉNDICE A

INFORMACIÓN GENERAL

Recomendaciones para los que quieren intégrar este manual en grupos pequeños o en la iglesia.

AVANZA son cursos de formación cristiana.

Propósito

Ayudar en la formación de hacer discípulos de Jesús.

Plan de crecimiento

El proceso de discipulado AVANZA está diseñado para un año. Son cuatro manuales, uno por trimestre, con diez lecciones cada manual.

Avanza 1: Fundamentos de vida (Preparación)

Avanza 2: Sanidad Integral (Desarrollo)

Avanza 3: Ministerio eficaz (Proyección)

Avanza 4: Liderazgo que conquista (Realización)

¿Cómo usar este manual?

1. Dedica un tiempo para estudiar una lección cada semana.

2. Al inicio hay una hoja de "Registro de tareas de aprendizaje", para que lleves el control de tus lecciones.

3. Al final de cada lección encontrarás:

4. "Reflexión". Medita y profundiza un poco más sobre el tema.

5. "Acción". Con el fin de motivarte a la práctica.

6. "Hoja para hacer apuntes". Has anotaciones que te parezcan interesantes, así como las preguntas que surjan para poder exponerlas el día de la clase.

7. "Actividad de aprendizaje". Esta te servirá para hacer una autoevaluación de lo aprendido.

8. Llega a tu clase con la lección estudiada, con comentarios o preguntas.

9. Ora y motiva a alguien de tu clase a continuar.

10. Este manual puede ser estudiado en grupo. En caso que no tengas la oportunidad de integrarte a un grupo de estudio, puedes hacerlo de manera autodidacta.

Al terminar tu manual, tendrás fundamentos más fuertes para la vida. No dejes de persistir y esforzarte para lograrlo.

PASOS PARA INTEGRARTE A AVANZA

1. Inscribirte

2. Comprar tu manual

3. Se te asignará un mentor.

4. Se te informará el día, horario, lugar o la plataforma virtual en que se impartirá tu clase.

5. Estudiar la lección correspondiente cada semana.

6. Reunirte con tu grupo en el día asignado.

7. Terminar tus cuatro niveles.

8. Solo cuando se hayan concluido los cuatro niveles se podrá decir que se ha terminado el proceso de discipulado AVANZA.

9. Recibirás un diploma en cada curso y en la graduación al terminar los 4 cursos.

LA REUNIÓN SEMANAL SUGERIDA

Programa de la reunión presencial

Tiempo 65 minutos

00:00 Bienvenida y convivencia.

00:05 Oración

00:08 Repaso general del tema

00:23 Compartir cada integrante lo aprendido en la semana en un minuto

00:33 Preguntas

00:43 Conclusión del tema y actividad de aprendizaje.

00:53 Motivación final y oración por cada discípulo

60:00 Se pasa lista

60:05 Terminamos

Sugerencias extras

- Se puntual.

- Busca participar activamente.

- Lleva tu manual al curso

- Haz anotaciones.

- Ten Buena actitud para disfrutar el momento.

(Si requieres más información para organizar grupos de discipulado Avanza o implementarlo como escuela en tu iglesia local, solicítalo al correo: solucionesparalaiglesia@gmail.com. Además, intégrate al grupo de Facebook: pastores y líderes evangélicos – construyendo soluciones)

BIBLIOGRAFÍA

Hayes, Ed. La iglesia (2003). *El cuerpo de Cristo Hoy*. Editorial Ela

Zoller, Juan E. (1987). *El cielo*. Libros Clie.

Grau, José (1973). *Introducción a la Teología*. Tomo 1. Libros Clie.

Orth, Stanford (1998). *Consumación de los tiempos*. Editorial Ela

Alvarez, Domingo (2021). *Construyendo soluciones para la Adminis-tración de la Iglesia*. Editorial Letra Minúscula.

NOTAS BIBLIOGRÁFICAS

1. Guinness World Records limited (2021). *Best-selling book*. Recuperado de: https://www.guinnessworldrecords.es/world-records/best-selling-book-of-non-fiction.

2. Edesio Sánchez (ed.). *Descubre la Biblia*. Sociedades Bíblicas unidas.

3. EcuRed. *Portal: cristianismo ¿Sabías que….* Recuperado de: https://www.ecured.cu/Portal:Cristianismo/%C2%BFSab%C3%ADas_que...#:~:-text=Voltaire%2C%20un%20filosofo%20franc%C3%A9s%2C%20afirmo,se%20imprim%C3%ADan%20centenares%20de%20Biblias.

4. Josh McDowell (1993). *Evidencia que exige un veredicto*. Editorial Vida: Florida, 18.

5. Everett F Harrison (2002). *Introducción al Nuevo Testamento*. Libros desafío 2002, 93 y 104.

6. Josh McDowell (1993). *Evidencia que exige un veredicto*. Editorial Vida: Florida: 34. Tomado y Adaptado

7. Miguel Núñez (22 junio de 2015). *Las 5 solas de la reforma*. https://integridadysabiduria.org/las-5-solas-de-la-reforma/

8. Gruy P. Duffield y Nathaniel M. Van Cleave (1983). *Fundamentos de Teología Pentecostal*. Editorial Desafío: 58.

9. Wikipedia. *Jehová*. https://es.wikipedia.org/wiki/Jehov%C3%A1

10. Su Biblia. *12 nombres de Dios y lo que significan*. Recuperado de: https://www.subiblia.com/nombres-de-dios-significado/

11. David Wilkerson (2003). *Santificado sea tu nombre*. Editorial vida: Miami: 16.

12. Norman Geisler y Ron Brooks. *Apologética*. Editorial Unilit.

13. Don Batten, Ken Ham, Jonathan Sarfati, Carl Wieland (eds). *El libro de las respuestas*. Master Books.

14. James Oliver Buswell (2003). *Cristo su persona y su obra*. Editorial Unilit.

15. Real academia española (2020). *Vicario*. https://dle.rae.es/vicario

16. John McDowell. *Evidencia que exige un veredicto*. Editorial Vida: 226.

17. Wikipedia (2021). *Jesús (nombre)*. https://es.wikipedia.org/wiki/Jes%C3%BAs_(nombre)

18. Samuel Vila y Santiago Escuain (1985). *Nuevo Diccionario Bíblico Ilustrado*. Editorial Clie: 278

19. Wikipedia (18 de marzo de 2021). *Composición del Cuerpo humano*. https://es.wikipedia.org/wiki/Composici%C3%B3n_del_cuerpo_humano

20. Watchman Nee (2005). *El Hombre Espiritual*. Editorial Clie: 28.

21. *Significado de Anatomía*. Recuperado de: https://www.significados.com/anatomía/

22. Francisco La Cueva. *Diccionario teológico Ilustrado*. Editorial Clie: 42.

23. Jorge A. León, *Psicología Pastoral para todos los cristianos*. Editorial Caribe: 41.

24. Watchman Nee (2005). *El Hombre Espiritual*. Editorial Clie: 38.

25. Ibíd.: 33. Tomado y adaptado.

26. Watchman Nee (2005). *El Hombre Espiritual*. Editorial Clie.

27. Herbert Lockyer (1979). *Enciclopedia de Doctrinas Bíblicas*. Editorial

Logoi: 103.

28. Wayne Grudem (2005). *Doctrina Bíblica.* Editorial Vida: 211.

29. The Zondervan Pictorial Encyclopedia of the Bible (1975), Vol. 5, Q-Z, Zondervan Publishing House.

30. Francisco la Cueva (2001), *Diccionario Teológico Ilustrado.* Editorial Clie, 529.

31. Francisco La Cueva (2001). *Diccionario Teológico Ilustrado.* Editorial Clie, 489.

32. Wayne Grudem (2005). *Doctrina Bíblica.* Editorial Vida.

33. J.D. Douglas y Merril C. Tenney (2003). *Diccionario Mundo Hispano.* Editorial Mundo hispano.

34. Rubén Herrera (2014). *Maestros en Israel.* Editora Hora 11 Ministries: 9

35. Rubén Herrera (2014). *Maestros en Israel.* Editora Hora 11 Ministries: 13. Tomado y adaptado.

36. Wayne Grudem (2005). *Doctrina Bíblica.* Editorial Vida.

37. Rick Warren (1998). *Una iglesia con propósito.* Editorial Vida: Miami, Florida: 113.

38. Reconocemos que en la forma de hacer iglesia puede haber más o menos propósitos de los aquí mencionados.

39. Domingo Alvarez Ramírez, *Construyendo Soluciones para la Administración de la Iglesia.*

40. Samuel Vila y Santiago Escuain (1985). *Nuevo Diccionario Bíblico Ilustrado.* Editorial Clie.

41. Gruy P. Duffield y Nathaniel M. Van Cleave (1983). *Fundamentos de Teología Pentecostal.* Editorial Desafío: 292.

42. Wikipedia (2021). *Arcángel.* https://es.wikipedia.org/wiki/Arc%C3%A1ngel

43. Gruy P. Duffield y Nathaniel M. Van Cleave (1983). *Fundamentos de Teología Pentecostal.* Editorial Desafío: 294. Tomado y adaptado.

44. Herbert Lockyer (1979). *Enciclopedia de Doctrinas Bíblicas.* Editorial Logoi.

45. Ibíd.

46. Wayne Grudem (2005). *Doctrina Bíblica.* Editorial Vida: 175.

Construyendo Soluciones para la Administración de la Iglesia

En este libro, encontrarás información para una administración más eficiente de la iglesia. Es un didáctico manual, con ejemplos sencillos y prácticos; para formar liderazgo, mejorar la planeación estratégica, lograr la misión y los objetivos propuestos.

Disponible en Amazon

Sanidad Integral

Disponible en Amazon

Made in the USA
Middletown, DE
14 July 2021